魏礼群 李韬 主编
新型社会治理智库丛书·论坛系列

中国治道

以社会治理现代化助推中国式现代化

李 韬 主 编
朱 瑞 副主编

中央党校出版社集团

国家行政学院出版社
NATIONAL ACADEMY OF GOVERNANCE PRESS

图书在版编目（CIP）数据

中国治道：以社会治理现代化助推中国式现代化 / 李韬主编；朱瑞副主编 . —北京：国家行政学院出版社，2023.12

ISBN 978-7-5150-2762-3

Ⅰ.①中… Ⅱ.①李… ②朱… Ⅲ.①社会主义法治—建设—研究—中国 Ⅳ.①D920.0

中国国家版本馆CIP数据核字（2023）第160317号

书　　名	中国治道——以社会治理现代化助推中国式现代化 ZHONGGUO ZHIDAO——YI SHEHUI ZHILI XIANDAIHUA ZHUTUI ZHONGGUOSHI XIANDAIHUA
主　　编	李　韬
副 主 编	朱　瑞
责任编辑	王　莹　孔令慧
责任校对	许海利
责任印制	吴　霞
出版发行	国家行政学院出版社 （北京市海淀区长春桥路6号　100089）
综 合 办	（010）68928887
发 行 部	（010）68928866
经　　销	新华书店
印　　刷	北京九州迅驰传媒文化有限公司
版　　次	2023年12月北京第1版
印　　次	2023年12月北京第1次印刷
开　　本	170毫米×240毫米　16开
印　　张	15.25
字　　数	218千字
定　　价	55.00元

本书如有印装问题，可联系调换。联系电话：（010）68929022

代序
充分发挥高校智库作用
推动中国特色新型智库建设再上新台阶

党的二十大是我们党走过百年历程后召开的第一次代表大会,也是在向第二个百年目标进军的关键时刻召开的一次十分重要的大会。今年是全面贯彻落实党的二十大精神的开局之年,刚刚胜利召开的全国两会对全年国家经济社会发展作出了部署和安排。党的二十届二中全会通过党和国家机构改革方案,稳步推进国家治理体系和治理能力现代化。在这样一个时间节点,我们理论界、智库界和政策研究部门齐聚在第十二届中国社会治理论坛,聚焦加强和创新社会治理进行自主性的学术理论研讨,具有重要的现实意义。

在新时代实现伟大变革的历史进程中,我国哲学社会科学事业取得了突出成就,呈现活跃繁荣的生动局面。习近平总书记对哲学社会科学工作和中国特色新型智库建设工作高度重视,亲自组织召开哲学社会科学工作座谈会,多次指出中国特色新型智库是国家软实力的重要组成部分,要构建中国特色新型智库发展新格局。习近平总书记的一系列重要讲话和论述,对我们深化哲学社会科学工作认识、建好中国特色新型智库具有重要的指导意义。

高校是加快构建中国特色哲学社会科学学科体系、学术体系、话语体系的主阵地,肩负着三大体系构建的时代重任,高校智库是中国特色新型智库的重要组成部分,承担着推动新型智库建设不断登上新台阶的使命担当。近年来,北京师范大学创新探索将智库建设与学科建设和人才培养紧密结合、相互促进、相得益彰的办学新路,为推进国家治理体系和治理能力现代化、建设教育强国贡献了北师大智慧。特别是中国教育与社会发展研究院2020年正式获批国家高端智库建设试点单位以来，始终坚持正确导向，科学把握中国特色新型智库的内涵和特点，立足中国国情，体现中国特色，推出一批高质量研究成果，有力彰显了高校智库服务决策能力。

北京师范大学中国社会管理研究院是学校高端智库建设试点单位两大主建单位之一，魏礼群主任作为研究院首任院长，为研究院的建设和发展付出了辛勤的努力，打下了坚实的基础，取得了重要的成就。新任院长李韬同志在以往成就的基础上加强咨政建言、智库交流、技术建设和内部改革，积极推进各方面工作创新，北京师范大学高端智库呈现新的活力和局面。希望北京师范大学继续创新体制机制，发挥在教育领域和社会领域基础研究实力雄厚的优势，着重开展事关国家长远发展的基础理论研究，为科学决策提供坚实的理论支撑，发挥人文社会科学门类齐全的优势，围绕重大现实问题开展多学科综合研究，提出具有针对性和操作性的政策建议，发挥教师教书育人的优势，努力培养复合型智库人才，为中国特色新型制度建设提供有力的人才保障，发挥深厚的学术底蕴和优势；针对教育、社会热点问题积极释疑解惑，引导社会舆论，发挥对外交流广泛的优势，积极开展人文交流和国际传播，在"双一流"建设中不断提升智库的决策影响力、学术影响力、社会影响力和国际影响力，为中国特色新型智库建设提供宝贵经验，贡献智慧力量。

姜培茂

全国哲学社会科学工作办公室主任

目 录

导　言　　　　　　　　　　　　　　　　　　　　　　魏礼群 / 1

第一编
推进社会治理现代化

中国化时代化的社会工作创新探索　　　　　　　　　陈存根 / 15
中国人口问题与现代化　　　　　　　　　　　　　　李德水 / 19
城市基层治理现代化　　　　　　　　　　　　　　　王杰秀 / 23
提升治理能力的理论逻辑与实践方向　　　　　　　　张树华 / 27
数字社会视域下中国式现代化与人的全面发展　　　　李　韬 / 31

第二编
社会治理新进展新任务

新时代的"八大新理念"　　　　　　　　　　　　　　刘应杰 / 43
中国式现代化背景下社会治理的新格局　　　　　　　杨积堂 / 52
努力提升农村社会建设水平　　　　　　　　　　　　苏国霞 / 59
国家安全下的基层治理　　　　　　　　　　　　　　毛欣娟 / 66
国家安全治理的理论构建　　　　　　　　　　　　　杨华锋 / 78

第三编
推进共同富裕与社会治理创新

扎实推进共同富裕　　　　　　　　　　　　　　　　田　青 / 109

乡村治理的创新实践 　　　　　　　　　　　张　琦 / 119
加大社会性支出投入 　　　　　　　冯俏彬　宋　恒 / 124

第四编
市域社会治理与基层社会治理

加快推进市域社会治理现代化 　　　　　　　宋贵伦 / 143
鼓励和引导治理型社会组织参与的建议 　　　朱　瑞 / 149
网格化模式的发展 　　　　　　　　　　　　高建武 / 154
探索建立"三治协同"乡村治理模式 　　　　王海侠 / 160
老旧社区协同治理 　　　　　　　　　　　　李振锋 / 166
科技赋能边疆社会治理的和田实践 　　　　　张　磊 / 186

第五编
数字时代的社会治理

智慧治理和治理智慧 　　　　　　　　　　　丁元竹 / 195
数字时代的信用监管立法 　　　　　　　　　王　伟 / 200
数字治理与包容性增长 　　　　　　　　　　何　奎 / 207
党建引领的深圳经验 　　　　　　　　陈家喜　白　瑜 / 212
智慧长江的芜湖经验 　　　　　　　　　　　张　平 / 226
网格智治的嘉善经验 　　　　　　　　　　　胡泓恬 / 232

后　记　　　　　　　　　　　　　　　　　　　　／ 235

导　言[*]

习近平总书记所作的党的二十大报告，高举中国特色社会主义伟大旗帜，科学描绘了以中国式现代化全面建设社会主义现代化国家、全面推进中华民族伟大复兴的宏伟蓝图，也为推进我国社会治理现代化进一步指明了方向、提供了遵循。党的二十届二中全会和全国两会，对全面建设社会主义现代化国家，推进中国社会治理现代化，又作出重要决策和部署。认真回顾和总结进入新时代十年来中国社会治理重大创新与重大成就，对于深入领会和贯彻落实党的二十大精神，对于贯彻落实党的二十届二中全会及全国两会精神，在新阶段新征程持续推进和实现我国社会治理现代化，具有十分重要的意义。

一　新时代十年社会治理理论的重大创新

党的十八大之后，中国特色社会主义进入了新时代。十年来，习近平总书记着眼于新时代坚持和发展中国特色社会主义、推进和拓展中国式现代化，提出了一系列加强和创新社会治理的新思想新观点新论断，形成了内涵丰富、有机统一、逻辑严密的理论体系。其中，最重要的包括以下几个方面。

---

[*] 魏礼群，国务院研究室原党组书记、主任。本文系作者在第十二届中国社会治理论坛上的讲话稿。

（一）明确提出全面加强党的领导，确保中国社会治理现代化的正确方向和强大凝聚力

习近平总书记在党的二十大报告中指出，十年来，"我们全面加强党的领导，明确中国特色社会主义最本质的特征是中国共产党领导，中国特色社会主义制度的最大优势是中国共产党领导"。中国式现代化，是中国共产党领导的社会主义现代化。加强党的全面领导可以确保中国式现代化的正确方向和强大凝聚力。习近平总书记强调："党政军民学、东西南北中，党是领导一切的。"并且指出，总揽全局、协调各方，这是新形势下实现党的正确领导的重要原则，是提高党的执政能力的基本要求，是形成工作合力的体制保证。党对社会治理的领导必须是全面的、系统的、整体的，使党的领导体现在社会治理现代化全过程、各方面、各环节，通过政治引领、组织建设、能力提升，保证社会治理方向正确、形成合力、提高效能。习近平总书记特别强调，要把基层党组织这个战斗堡垒建得更强，发挥社区党员、干部先锋模范作用，让党的旗帜在每一个基层阵地都高高飘扬起来。党中央、国务院印发的《党和国家机构改革方案》中明确党中央组建中央社会工作部，这是全面加强党对社会治理领域统一领导、统筹做好社会工作的重大创新举措，具有重大的理论意义和实践意义。坚持和加强党的全面领导，是习近平新时代中国特色社会主义思想关于社会治理理论创新的最鲜明标志。

（二）明确提出坚持人民至上思想，以人民为中心创新和推进社会治理

人民至上是新时代社会治理理论的核心要义，明确了社会治理为了谁、依靠谁、谁评判的问题。一是社会治理要牢记为人民服务的根本宗旨。社会治理，说到底，就是对人的服务和治理。社会治理"要以百姓心为心""与群众有福同享、有难同当，有盐同咸、无盐同淡""要紧紧抓住人民群众急难愁盼问题，采取更多惠民生、暖民心举措"。这就要求社会治理必须始终把人民放在最高位置，坚持一切为了人民，为了人民的一切。二是社会治理必须贯

彻群众路线。习近平总书记明确指出："我们要适应新形势下群众工作新特点新要求，深入做好组织群众、宣传群众、教育群众、服务群众工作，虚心向群众学习，诚心接受群众监督。"要在社会治理中，积极发展全过程人民民主，用制度体系保障人民当家作主，使社会治理更好体现人民意志、保障人民权益、激发人民创造。特别要拓展听民意、汇民智、聚民心的渠道。三是社会治理成效要由人民来评判。习近平总书记明确提出，要把是否促进经济社会发展，是否给人民群众带来实实在在的获得感，作为改革成效的评价标准。"人民是我们党的工作的最高裁决者和最终评判者。""时代是出卷人，我们是答卷人，人民是阅卷人。"把人民作为最高裁决者和最终评判者、阅卷人，这是习近平新时代中国特色社会主义思想关于社会治理理论以人民为中心、坚持人民至上的集中体现。

（三）明确提出总体国家安全观，建设高水平平安中国

在准确把握国家安全形势变化新特点新趋势的基础上，习近平总书记创造性地提出总体国家安全观，明确指出："国家安全工作应当坚持总体国家安全观，以人民安全为宗旨，以政治安全为根本，以经济安全为基础，以军事、文化、社会安全为保障，以促进国际安全为依托，维护各领域国家安全。"党的二十大进一步将完善社会治理体系纳入总体国家安全体系和能力现代化架构之中。习近平总书记在党的二十大报告中指出，国家安全是民族复兴的根基，社会稳定是国家强盛的前提，要建设更高水平的平安中国。这个论断将国家安全与社会治理凝结为一体。总体国家安全观注重提高公共安全治理水平。公共安全治理是社会治理的重要内容，是事关人民群众切身利益的系统工程，更是社会和谐稳定的有力支撑。习近平总书记明确要求，"公共安全治理模式要向事前预防转型"，更加注重自然灾害、突发疫情、食品安全等直接涉及民生的安全隐患，提高防灾减灾救灾和重大突发公共事件预判处置和保障能力，更主动地防范社会公共危机，更有效地回应公共利益诉求，努力建构适应人民群众动态安全需求的长效治理机制。将"安全"贯穿到国家发展

各领域和全过程,以新安全格局保障新发展格局,这对促进我国经济社会持续稳定健康发展具有重大意义。

(四) 明确提出建设社会治理共同体,构筑共建共治共享的社会治理制度

党的十九届四中全会指出,社会治理是国家治理的重要方面,"必须加强和创新社会治理,完善党委领导、政府负责、民主协商、社会协同、公众参与、法治保障、科技支撑的社会治理体系,建设人人有责、人人尽责、人人享有的社会治理共同体"。同时,习近平总书记对于构建基层社会治理格局也进行了明确阐述。他指出,我们追求的发展是造福人民的发展,我们追求的富裕是全体人民共同富裕。改革发展搞得成功不成功,最终的判断标准是人民是不是共同享受到了改革发展成果。因此,社会治理共同体建设是以增进人民福祉、实现公平正义、保障人民群众合法权益、让全体人民共享发展和治理成果为目标的。建设社会治理共同体、构筑共建共治共享的社会治理制度,既集中体现了新时代社会治理理论的与时俱进,也凸显了制度建设对社会治理现代化的推动与保障作用。

(五) 明确提出创新社会治理方式,提高社会治理效能和水平

党的十九届四中全会指出,改进和创新社会治理方式,要"加强系统治理、依法治理、综合治理、源头治理,把我国制度优势更好转化为国家治理效能"。坚持系统治理强调的是多元治理主体间的良性互动,体现的是党委领导、政府负责、社会协同、公众参与形成的合力。坚持依法治理是"最可靠、最稳定的治理"。协同运用自治、法治、德治提高社会治理效能。自治是基层社会运行的基本依托和方式,必须依靠人民群众实行真正的自治;法治是社会治理现代化的主要标志和根本保障,必须全面厉行法治;德治是社会治理现代化的灵魂和根基,必须切实强化德治。自治、法治、德治要有机联系,互相协调,相得益彰。坚持综合治理,强调的是多种治理方法的协同运用,特别是互联网技术为"社会治理精准化、公共服务高效化"提供了有力支撑，要通过线上和线下相结合的方式形成治理合力。同时，社会治理还要遵循"刚柔相济"的原则，既注重规范的"硬约束"，更要重视思想教育、心理疏导、沟通调解"软方法"的有机联动，将他律和自律结合起来，增强治理的实效性。坚持源头治理强调的是既要了解人的需求，问需于民，靶向施治，从源头上预防和根治矛盾，保持社会的和谐稳定。以上内容充分体现了社会治理的系统方法论，也是实现社会治理现代化的必然要求。

（六）明确提出注重弘扬中华优秀传统文化，彰显我国社会治理现代化的文化底蕴和精神标识

中华优秀传统文化源远流长、博大精深，是中国社会治理独特的精神标识和深沉的精神追求。一是重视中华优秀传统社会治理文化的创造性转化、创新性发展。从中华优秀传统治理文化中把那些跨越历史时空、富有永恒魅力、具有当代价值的概念、理念发掘出来，作出新的时代阐释。同时，要转化创造丰富发展，将承继精髓与创新表达有机结合，将深度挖掘与现代转换有机结合，将借鉴吸收与赋予时代内涵有机结合，使现代社会治理在浩瀚的中华优秀传统文化中汲取营养。二是强调重视家庭家教家风在社会治理中的基础性作用。习近平总书记明确指出，不论时代发生多大变化，不论生活格局发生多大变化，我们都要重视家庭建设，注重家庭、注重家教、注重家风，使千千万万个家庭成为国家发展、民族进步、社会和谐的重要基点。这就要求社会治理更多地发挥家庭的生育、婚姻、养老、教化等社会功能，积极建设家庭友好型社会治理，推动形成爱国爱家、相亲相爱、向上向善、共建共享的社会主义家庭文明新风尚。三是强调重视把马克思主义思想精髓同中华优秀传统文化精华贯通起来，为社会治理现代化提供强大的思想支撑。中国人民在长期生产生活的积累中形成了丰富的社会治理思想和理念。比如，治国有常、利民为本的思想，天下为公、大同世界的思想，自强不息、厚德载物的思想，以民为本、安民富民乐民的思想，为政以德、政者正也的思想，革故鼎新、与时俱进的思想，脚踏实地、实事求是的思想，仁者爱人、以德立人的思想，以诚待人、讲信修睦的思想，和而不同、和谐相处的思想，安不忘危、存不忘亡、治不忘乱、居安思危的思想，等等。习近平总书记明确指出，这些思想与理念可以为人们认识和改造世界提供有益启迪，可以为治国理政提供有益启示，也可以为道德建设提供有益启发。习近平总书记对中华优秀传统文化的重视与运用，集中体现了对中国传统社会治理文化价值的重大发展，凸显了中国特色社会治理理论深厚的文化底蕴与精神标识。

（七）明确提出注重基层社会治理，夯实社会治理现代化的坚强基石和扎实基础

社会治理现代化的重点是基层社会治理现代化。习近平总书记明确指出，基层就是社会的细胞，是构建和谐社会的基础。社会治理的重心必须落到城乡社区，社区服务和管理能力强了，社会治理的基础就实了。他强调健全党组织领导的基层群众自治机制，加强基层治理组织建设；强调完善城乡社区治理体系，及时将社会矛盾纠纷化解在基层，化解在萌芽状态；强调要完善办事公开制度，拓宽有序参与基层社会治理渠道，为群众提供更多更好的公共服务；强调要完善网格化管理、精细化服务，信息化支撑的基层治理平台。习近平总书记还强调，尽可能把资源、服务、管理放到基层，更好地为群众提供精准有效的服务和管理。这些注重基层社会治理的论述充分体现了习近平新时代中国特色社会主义思想关于社会治理理论的鲜明问题导向、扎实的实践基础与深厚的为民情怀。

二 新时代十年中国社会治理实践的重大进展

在习近平新时代中国特色社会主义思想指导下，十年来，中国社会治理发生了深刻变革，实现了一系列新突破新进展新成效。

(一) 全面实施加强党对社会治理领域的领导

这是新时代十年来社会治理实践最重要最显著的变革。在社会治理领域全面加强党的政治建设、思想建设、作风建设、纪律建设、制度建设的同时，更加注重党的组织体系建设，推动党组织向最基层延伸，健全党组织领导的自治、法治、德治相结合的城乡基层治理体系，推动基层党组织全面进步、全面过硬。党中央修订了《中国共产党农村基层组织工作条例》《中国共产党党和国家机关基层组织工作条例》《中国共产党普通高等学校基层组织工作条例》，制定了《中国共产党组织工作条例》《中国共产党国有企业基层组织工作条例（试行）》《中国共产党支部工作条例（试行）》《中国共产党党员教育管理工作条例》。各级党委（党组）扎实推进城乡基层党建，切实解决国有企事业单位、机关、学校、医院等基层党建工作中的突出问题，着力补齐非公企业、社会组织等新兴领域党建工作短板，探索推进新业态、新就业群体党建工作。新时代十年，各级党委的领导力不断增强，特别是基层党组织战斗堡垒作用突出，广大党员在疫情防控、基层治理大考中经受住了考验，充分发挥了模范带头作用。

(二) 在加强和创新社会治理中着力保障改善民生

新时代十年，是在加强和创新社会治理中大力保障改善的十年。在幼有所育、学有所教、劳有所得、病有所医、老有所养、住有所居、弱有所扶上持续用力，人民生活全方位改善。特别是如期实现脱贫攻坚目标，使我国近1亿人口彻底摆脱贫困，困扰中华民族几千年的绝对贫困问题得到历史性解决。坚持社会主义的基本分配制度，努力提高居民收入在国民收入分配中的比重，探索提高劳动报酬在初次分配中的比重，构建初次分配、再分配、第三次分配协调配套的制度体系。持续推动形成公开透明、公正合理的收入分配秩序，明显提升低收入劳动者收入，扩大中等收入者比重，多渠道增加居民财产性收入。坚持就业优先战略，实行更加积极的就业政策，城镇新增就业年均超过1300万人,为改善民生和维护社会稳定发挥了重要作用。公共服务体系逐步健全,公共服务供给全面提升,经过长期不懈努力,我国已经建成了世界上规模最大的教育体系、社会保障体系、医疗卫生体系、住房保障体系和公共文化服务体系。人民群众获得感、幸福感、安全感更加充实、更有保障。

(三)持续深化社会治理基础性制度改革创新

为了促进社会公平正义,推动社会文明进步,党和国家采取了一系列重大决策部署和制度安排,使社会治理领域的重要基础性制度不断创新和完善。在教育领域,大力促进教育公平制度建设。在医疗卫生领域,大力完善基本医疗保障制度,持续深化医疗卫生体制改革,全面推进"健康中国"建设。在人口发展方面,建立健全生育支持政策体系,积极应对人口老龄化和少子化。在户籍管理方面,大力推进户籍制度改革,建立全国城乡统一的户口登记制度。在住房方面,深化住房制度改革,实施公共租赁住房制度。就业、社会保障、土地管理、环境保护等方面的基础性制度也都在不断完善。

(四)构筑共建共治共享的社会治理体制制度

从党的十八届三中全会提出加快形成科学有效的社会治理体制,到党的十九大提出打造共建共治共享的社会治理格局,到党的十九届四中全会提出坚持和完善共建共治共享的社会治理制度,再到党的二十大强调健全共建共治共享的社会治理制度,社会治理现代化的体制制度逐步确立和健全。党中央全面加强对社会治理领域的领导,推动建立坚强有力的组织领导体制、系统完备的制度体系、融合联动的工作机制,党委领导、政府负责、民主协商、社会协同、公众参与、法治保障、科技支撑的社会治理体制制度体系基本形成。

(五)加强平安中国建设取得重大进展

新时代十年,党和国家高度重视平安中国建设。把平安中国建设置于中国特色社会主义事业发展全局中谋划推进,为创新社会治理体系提供了更为广阔的领域与空间。全面落实总体国家安全观,建立了集中统一、高效权威的国家安全领导体制和维护国家安全制度。加强国家安全体系和能力现代化建设,立法、司法、执法水平全面提升,有效防范化解处置各类安全风险。持续加强社会治安综合治理,防范和打击新型网络犯罪、跨国犯罪以及"黄赌毒"等严重影响人民群众安全的违法犯罪。2018年至2020年,党中央部署开展了为期三年的扫黑除恶专项斗争,全国打掉涉黑组织3644个、涉恶犯罪集团11675个,黑恶犯罪得到有效遏制。严重暴力犯罪案件连续十年呈下降趋势。法治国家、法治政府、法治社会建设明显加快。整个社会逐步活而有序,长期保持和谐稳定。

(六)城乡基层社会治理取得新成效

党中央明确提出要求和作出具体部署,在全国基层社会治理中深入学习、坚持发展和大力推广新时代"枫桥经验",积极推进和创新城乡基层社会治理。统筹推进社会治理中心、网格化服务管理中心、诉讼服务中心、公共法律服务中心、信访接待中心、网络服务中心建设,扎实开展"我为群众办实事"实践活动。为群众提供更多普惠均等、便捷高效的服务,网格化、网络化服务管理在全国基本做到全覆盖,使许多纠纷和矛盾化解于基层。在社会治理中,广泛运用现代信息技术,把体制变革与现代科学技术深度结合起来,大力推行"互联网+"服务管理,数字技术赋能社会治理,社会治理的效能不断提升。

(七)积极推动市域社会治理现代化

市域是上承国家宏观社会治理,下接基层微观社会治理的枢纽。党中央明确提出:加强和创新市域社会治理,加快推进市域社会治理现代化;制定了《全国市域社会治理现代化试点工作指引》,分类指导试点地区探索创新;鼓励各市域积极探索社会治理现代化的新方式新路径,加强系统集成,完善城乡社会治理现代化体系,努力提高市域社会治理现代化能力。市域社会治理现代化试点工作取得重要进展和明显成效。社会治理活动在市域整体统筹、重大风险在市域有效化解。

三 新时代十年社会治理创新的重大成就

新时代十年,中国社会治理重大理论创新与实践创新取得了一系列具有历史意义的重大成就。

(一)实现了马克思主义社会治理理论的新飞跃

习近平新时代中国特色社会主义思想关于社会治理的理论,将马克思主义基本原理同中国具体实际相结合、同中华优秀传统文化相结合,实现了马克思主义社会治理理论中国化时代化的新飞跃,从理论与实践的结合上回答了社会治理现代化的指导思想、领导核心、主体力量、目标任务、体制机制、制度体系、方法路径,以及回答了社会治理与人的全面发展和实现全体人民共同富裕等一系列重大问题,提出了许多原创性的社会治理新理念新思想新战略,为推进中国特色社会治理现代化提供了科学思想指引和行动指南。习近平新时代中国特色社会主义思想关于社会治理的理论,将中国人民在实践中创造与积累的宇宙观、天下观、社会观、治理观、道德观、价值观,同马克思主义的政党学说、人民学说、国家学说、共同体学说中的基本立场和基本理论贯通起来,同人民群众日用而不觉的共同价值观念融通起来,实现了马克思主义基本理论与中国式表达的有机融合,使马克思主义中国化时代化拥有了深厚的历史基础与群众基础,从而保持了鲜活的生命力和与时俱进的蓬勃活力。

(二)续写了中国社会长期稳定的新篇章

进入新时代,我国社会治理面临着严峻复杂的国内国际环境。世界百年未有之大变局加速演进,国内改革发展稳定的一些深层次问题不断显现。这些都对社会治理体系与治理能力提出了更高要求。以习近平同志为核心的党中央明确提出"五位一体"总体布局和"四个全面"战略布局，确定稳中求进的工作总基调，统筹发展与安全，把党的全面领导与社会治理共同体建设融会贯通，把解决人民群众急难愁盼问题与建设服务型政府、创新社会治理融会贯通，把提升社会治理的社会化、法治化、智能化、专业化水平融会贯通，使社会治安状况不断改善，我国成为世界上最安全的国家之一。近三年来，在新冠疫情肆虐的情况下，党中央果断决策、沉着应对，全国上下众志成城、同舟共济，构筑起联防联控、群防群控的坚固防线，适时调整优化防控政策措施，抗疫斗争取得重大决定性胜利。党中央的决策部署不仅最大限度保护了人民生命安全和身体健康，也最大限度减少了疫情对经济社会发展的影响。

（三）拓展了中国式现代化社会治理的新道路

党的十八大以来，贫困人口脱贫工作成为全面建成小康社会的重大任务，党和国家组织实施了人类历史上规模空前、力度最大、惠及人口最多的脱贫攻坚战，全面建成小康社会如期实现。在这十年历史进程中，着力加强和创新社会治理，全面推进社会建设，通过构建民生保障体系，完善社会治理体系，强化社会信用体系，健全公共安全体系，巩固国家安全体系，推动我国社会结构调整优化、社会文明进步升华，社会治理科学化、精细化、现代化明显提升，社会建设和社会文明达到新水平，拓展了符合中国国情、体现时代要求、顺应人民期待的中国特色社会治理之路。全面建成小康社会的社会景象，包括和谐社会建设、平安社会建设、信用社会建设、法治社会建设、健康社会建设、社会治理现代化建设，成效更加显著。在这十年历史进程中，社会治理理论的重大创新和在实践中积累的宝贵经验，都为持续推进和拓展中国式社会治理现代化，以及为全面实现中国式现代化奠定了更加坚实的基础，提供了更加有力的保障。

(四) 贡献了人类社会治理现代化的新方案

进入新时代，中国日益走近世界舞台中央，不断为人类社会作出新的贡献。以习近平同志为主要代表的中国共产党人，以全球化视野和广阔胸怀，倡导弘扬全人类共同价值，倡导加强国际人文交流合作，坚持正确义利观，推动构建人类命运共同体，促进各国人民相知相亲。我国秉持共商共建共享的全球治理观，积极参与全球治理体系改革和建设，促进全球和平合作和共同发展；推动全球环境治理，加强应对气候变化国际合作，努力成为全球生态文明建设的重要参与者、贡献者、引领者；继续发挥负责任大国作用，共同创造人类社会的美好未来；充分展现大国担当，全面开展抗击新冠疫情国际合作，赢得了广泛的国际赞誉；特别是成功走出中国式现代化道路，创造了人类文明新形态，拓展了发展中国家走向现代化的新途径，为世界上那些企望在加快发展、推进现代化建设中保持社会稳定、保持自身独立性的国家和民族提供了全新选择，为人类社会贡献了中国智慧、中国力量和中国方案。

我们坚信，全面贯彻落实党的二十大和党的二十届二中全会精神，以及全国两会的工作部署，在新时代新征程中，中国社会治理现代化一定会不断取得更大的进展和成就，为推进和拓展中国式现代化伟大事业、全面实现国家治理现代化作出新的更大贡献！

第一编
推进社会治理现代化

当今世界,国际局势跌宕起伏,发展鸿沟不断拉大。在世界百年未有之大变局与中华民族伟大复兴的战略全局相互交织的背景下,推进国家治理体系和治理能力现代化对实现"两个一百年"奋斗目标具有根本性、关键性的作用。

中国化时代化的社会工作创新探索

陈存根*

党的二十大对我国新时代社会治理作了全面部署,全国两会又进一步细化了工作任务。全面提升社会治理水平,推进国家治理体系和治理能力现代化,是实现中华民族伟大复兴的战略任务。社会工作者是构建共建共治共享社会治理新格局的重要手段和专业力量。我们党历来重视社会工作,将其作为推动社会治理体系和治理能力现代化的重要内容。党的十六届六中全会就明确提出要"建设宏大的社会工作人才队伍",党的十八大以来以习近平同志为核心的党中央多次强调要大力发展社会工作,充分发挥社会工作的专业优势,对做好新时代社会工作提出了一系列新理念新思想新举措,社会工作七次写入两会政府工作报告。党的二十届二中全会决定正式组建中央社会工作部,统筹推进社会治理创新,全面提升社会治理水平。这些都从顶层设计上肯定了社会工作参与社会治理的重要性,凸显了党和国家对社会工作的高度重视。

我国社会工作经过 30 多年发展,已经初具规模。全国 398 所高校开设了社会工作专业,183 个硕士点和 22 个博士点每年培养专业社工人才 3 万多名,社会工作专业学术研究和理论教学取得了长足发展。我国社会工作人才总量超过 160 万人,其中持证社会工作者达 92.9 万人,社会工作机构 1.5 万多

---

* 作者系中国社会工作联合会会长、中央国家机关工委原副书记。

家，乡镇（街道）社工站2.9万个，初步形成了遍布城乡的社会工作服务网络。社会工作通过满足广大人民群众的个性化需求，提供多样性服务，持续提升人民群众的获得感、幸福感、安全感，让广大人民群众更好地感受到党的温暖和社会主义制度的优越，从而形成社会认同、民心向党。

在充分肯定社会工作发展成绩的同时，也要清楚地认识到目前我国社会工作发展存在的不足和面临的问题，与新时代社会治理创新对社会工作的需求还存在差距，主要表现为：社会认知薄弱，缺乏社会共识；理论脱离实际、工作难以落地；技术参差不齐、尚无规范标准；服务机构不足、经营运行困难；社工人才短缺、学子大多改行；经费未入预算、薪酬待遇偏低；法规制度缺失、参与治理不畅；社会宣传不够、远未形成氛围。存在上述问题的主要原因有三：一是社工理论源于西方，中国化问题一直没有得到很好的解决；二是缺少法规界定、制度安排，工作有名无分缺保证；三是理论脱离实际，大学学术研究理论难以出校门，不易深入实践。

为此，我国社会工作要建功新时代、奋进新征程，深度参与社会治理，实现高质量发展，就必须以习近平新时代中国特色社会主义思想为指导，在党的全面领导下，立足中国实际，持续进行创新探索。

一是社工理论中国化。 我国社会工作的理论体系、学科体系、学术体系来自西方，中国化时代化的问题一直未能很好解决。在西方政治体制下产生发展起来的社会工作，其形成的理论依据、指导思想和工作原则，刻意强调非政府组织（NGO）属性，突出第三方的地位，坚持独立性的立场，这是不符合中国国情的。一方面，西方的社会工作并不存在真正的"第三方""独立性"，其背后总是存在着资本的影子或者西方的价值追求；另一方面，在我国，人民是国家的主人，党是最高政治领导力量，同时党和人民是一体的、不可分割的，社会工作必须坚持以人民为中心、坚持党的全面领导，而不能成为独立于党和人民之外的"第三方""救世主"。要建立符合中国国情、适应发展要求的中国社会工作理论体系，就必须以习近平新时代中国特色社会主义思想为指导，以增进人民福祉为追求，坚持党的全面领导，吸收中华优秀传统文化精华，借鉴世界先进做法，提炼现有实务经验，发展我国社会工作学科体系、学术体系和话语体系，努力形成中国特色社会主义社会工作理论。

二是社工工作组织化。 社会工作者参与社会治理、提供专业服务必须有组织地进行，要建立党委统一领导、政府部门登记管理、乡镇街道组织实施、村居自治组织协助、社会工作服务机构提供服务的运行机制。要制定出台扶持政策，鼓励建立社会工作服务机构，搭建社工发挥作用、开展服务的工作平台，实现社会工作组织化。全国各地尤其是西部地区要鼓励、扶持、孵化各类社会工作服务机构、行业组织，逐步做到全国城乡社区全覆盖，为社工组织开展工作提供政策支持、项目帮扶和资金保证。

三是社工队伍职业化。 要紧密结合社会治理体系建设、解决社会问题的现实需要，积极开发社工岗位，努力争取财政支持，不断壮大社工力量，建设一支稳定的、常年在社区工作的职业社工人才队伍，以满足经常、及时、精准、迅速、高效、公平、差异化解决基层社会问题的需要。不能把社会工作者简单地等同于志愿者、义务工作者和社区工作者。社会工作者是承担社会工作任务的主力军，满足社会治理的基本性、经常性、日常性需要；志愿者、义务工作者的非专业性和工作时间的不确定性以及参与服务的随机性，无法满足解决社会问题的专业性和经常性要求，但志愿者和义务工作者是很重要的支持力量，在临时、特殊、专项工作或突发应急时可以发挥重要作用。社区工作者由于岗位职责和工作任务要求，政府条块赋予的大量繁杂政务使其难于完全代替职业社会工作者。

四是社工服务专业化。 社会工作是一项技术性很强的专业工作，要针对我国社会工作起步晚、专业技术性不突出、服务标准规范不健全、法规体系建设滞后等现实，紧密结合基层社会实际，强化社会工作服务专业化建设，突出社会工作的技术属性，加强理论技术培训，健全认证评价体系，建立技术职称评审制度，将社会工作者纳入国家专业技术队伍管理。要对社会工作科学分类，按类计量、评估难度、提出要求、制定标准，真正做到工作分门类、数量可计算、技术有标准、服务依规范，不断提升社会工作技术含量、服务质量和业务水平。

五是社工经费预算化。 为了保障社会工作长期、稳定、可持续发展，社会工作的发展经费必须纳入政府财政预算，从国家财政解决资金问题，为社会工作发展提供持续动力和稳固支撑，避免出现有钱就购买、没钱就不管、缺乏经费持久保障的情况。要坚持合理安排财政预算，调整优化财政支出结构，将更多财政资金有序转向柔性社会服务，以扶持社工组织、开发社工岗位、明确职责任务、购买社工服务等方式，发挥社会工作人才的专业作用，解决社会问题，化解矛盾纠纷，增强服务效能，扩大社会价值，提高治理水平。

六是社工发展法治化。 畅通和规范社会工作参与社会治理的途径，关键要立足全局、整体谋划，从顶层设计做好有利于社会工作发挥作用的体制机制，形成于法周延、系统完善、相互衔接、配套的法律法规体系。要紧密结合社会工作队伍建设和行业发展实际，积极为社会工作立法出谋献策，推动并加快社会工作立法进程，通过建立健全并不断完善新时代社会工作的法律法规体系，明确社会工作的目的要求、社会地位、责任义务、工作任务、服务规程、经费保障、社会待遇等，让社会工作真正成为广受尊重、人人羡慕的职业。现阶段，要根据行业发展的现实需求，积极推动出台社会工作者条例。

总而言之，创新之路途艰险多、道阻且长。立足当下，我们要在习近平新时代中国特色社会主义思想指引下，秉承以人民为中心的发展理念，攻坚克难、踔厉奋发，以实现"六化"为目标，努力培养社会工作者成为党和政府开展群众工作的有力助手，联系人民群众的桥梁纽带，落实民生政策的职业队伍，最终建立完全中国化时代化的社会工作理论体系、社会工作话语体系、社会工作技术体系、社会工作组织服务体系、社会工作法治体系、社会工作党建体系，为强国建设、民族复兴贡献社工力量。

中国人口问题与现代化

李德水 *

党的二十大报告提出,中国式现代化是人口规模巨大的现代化,我国 14 亿多人口整体迈进现代化社会,规模超过现有发达国家人口的总和,艰巨性和复杂性前所未有。人口问题是关系国计民生的重大问题,对人口问题进行全面梳理和深入分析,加强人口发展的前瞻性、战略性研究,有针对性地制定人口相关战略和政策,确保人口生态、人口安全、人口红利的健康可持续发展,既是提升我国社会治理效能的重要保障,也是实现中国式现代化的必由之路。

第一,关于我国人口呈现负增长的直接原因。 2022 年末我国人口总数(包括我国大陆 31 个省、自治区、直辖市的人口和现役军人,不包括居住在 31 个省、自治区、直辖市的港澳台居民和外籍人员)为 141175 万人,比 2021 年末减少 85 万人,人口自然增长率为 -0.60‰,出现了 1961 年以来的第一次负增长。与 2021 年相比较,2022 年人口出生率从 7.52‰ 下降到 6.77‰,造成全年出生人口从 1062 万人降低到 956 万人,出生人口减少了 106 万人;而人口死亡率则是从 7.18‰ 上升到 7.37‰,导致 2022 年死亡人口上升到 1041 万人,比上年多死亡 27 万人。从数据来看,出生率下降、死亡率上升是我国人口呈现负增长的直接原因。在这两个因素中,出生率下降是

---

* 作者系国家统计局原局长。

矛盾的主要方面。但是，我们不能轻易就由此作出"2022年是中国人口负增长的转折点，从此人口就开始逐步下降"的结论，而应该将此作为进一步加强人口工作的挑战，以全面做好人口工作来避免人口下降可能带来的一系列社会问题。

第二，关于人口老龄化及社会养老保险体系建设。 长寿者占比升高的社会现象是天下太平、人民安居乐业、衣食无忧、医疗保健体系完善、生态环境良好等多种因素的综合产物。这正是人们所期待和为之努力奋斗的目标。但从国家社会治理的大视角看，还必须努力实现人口生产、劳动力数量和劳动生产率水平以及老龄化程度相协调，以保障社会健康可持续发展。

随着人口结构老龄化的加剧，加强社会养老保险体系建设也成为重要的社会治理议题。改革开放以来，我国在建立和完善城乡社会养老保险制度方面取得巨大成绩。目前我国还有近9亿劳动力上缴的养老金，加上国家还会给社会养老保险基金注入一定资金。所有这些养老金被存入银行，除银行利息之外，还有一部分养老金会用于稳健投资理财得以增值。由此可见，我国现阶段的养老保险体系整体上安全可控。当然，目前我国社会养老体系建设也存在一些突出问题。一是农村养老金水平较低。由于农村建立养老保险制度才10多年，在没有集体经济支撑的农村，其养老金全靠当地政府支付。一般地区如江西省农村老人平均每月只有165元的养老金，一些大城市郊区农民一个月也就300多元，与城市退休职工相比存在着较大差距，需要在乡村振兴规划中逐步加以完善和提升。二是由于受疫情以及其他因素影响，有些地方政府财政负债较多，出现了养老金支付困难的问题，需要依靠不断推进经济发展来缓解和解决。

第三，关于应对老龄化高峰适时稳妥推出延迟退休政策。 据有关方面测算，20世纪60年代特别是1962—1972年，我国每年出生人口都在2500万人以上，这部分人口现在正是51~61岁之间，已经开始迈进老年门槛。加上其他因素，可能导致2021—2030年将年均增加1300万以上的老年人，2030年我国老年人口规模将达到3.87亿人，2032年将突破4亿人，2050年可能达到

5.16亿人。如果人口出生率不能适当提高，届时劳动人口很可能远低于现在9亿人的水平，由此便将产生一系列的社会问题。因此，尽快研究出台推迟退休政策、调整人口生育政策、扩大劳动力规模，就成为重要的社会治理议题。与此同时，还应进一步提高教育和科技水平，以大幅度提高劳动生产率。

事实上，老年人是宝贵的社会财富。现在60~70岁的老年人除患大病者，大多数人身体健康、精力充沛。老年人有丰富的工作经验和生活阅历，不仅是消费者、需要供养的对象，同时也具有生产者的属性，可以继续为社会创造财富。除了让离退休之后的老年人安度晚年、愉快地生活，还要根据不同情况，让他们参加一些力所能及的社会工作，并给予适当的补偿。中国老年人在家庭中帮助子女带小孩、送孙辈上学、买菜做饭、操持家务，减轻了年轻人的生活压力。这种情况在西方文化中是基本不存在的。这些优良传统应该很好地传承下去。实际上，现行退休制度的退休年龄总体偏早，而在我国广大农村60~70岁的老年人在田野上辛勤劳作的比比皆是，日本大部分的农业生产活动也是由60岁以上老人承担的。所以，适时稳妥推出延迟退休政策是可以缓解老龄社会压力的一项重要措施，也是国际上许多国家的惯例。当然，延迟推迟不能一刀切，具体政策可以有一定的灵活性，对实在不愿延迟退休的人员应尊重其自愿选择。

第四，关于建立多措并举的中国特色养老体制。 人总是要老的，总有干不动的时候。该由谁来养活他们呢？一是由老年人自己养活自己。我们建立了社会养老保险制度，每个人自参加工作起就要从工资所得中抽出一部分缴纳养老金，这是为退休之后预先支付的养老费用。二是企业和政府。在职工的社会养老保险金中，其所在企业或政府单位都要为其支付一笔养老金，供退休后养老之用。三是子女。"父母养我大，我养父母老"是做人的神圣职责，孝道是中华民族优秀文化的重要组成部分。《中华人民共和国宪法》第四十九条规定，"成年子女有赡养扶助父母的义务"，因此，成年人不能把赡养老人的责任完全推给社会养老保险制度。

第五，关于实施积极稳妥的人口政策。 计划生育政策具有一定的历史阶段性，简单的一刀切或一风吹都在我国社会治理实践中付出过代价。当前，要坚持实事求是的思想路线，具体分析目前年轻人不生或少生孩子的真实原因和苦衷，有针对性地帮助年轻人解决实际困难，并引导他们转变思想观念，优化其工作环境、工作方式和生活条件，努力提高人口出生率。在此过程中，应理性看待其他国家人口数量超越我国的情况。对单一人口数量的超越，不必产生失落感，而应在提升我国整体人口素质和人才质量上下功夫。

第六，关于努力创造新型人口红利。 所谓人口红利就是人口多、劳动力丰富、雇用人工的成本低，使企业或老板获取的利润比较高。改革开放以来，我国广大农民涌向城市参加基础设施建设、工业生产和各种服务业，成为一支特别能吃苦、特别能战斗的劳动大军，为我国经济社会建设和发展作出了巨大贡献。广大农民工得到的报酬和生活待遇是相对较低的，甚至可以说他们个人乃至于家庭都为国家付出了一定的牺牲。2022年，有29562万农民工在外打拼。因此，可以认为我国的人口红利依然存在，而且在相当长的时期内还有其独特的优势，但是也要看到，这种劳动密集型意义上的人口红利效应将逐步减弱是历史的必然趋势。当前，人口红利的关键问题在于，如何努力创造出推动我国人口规模巨大现代化的新型人口红利。

人口的生产和培育是所有生产要素增长中最核心的部分，是高质量发展最重要的内容之一。优秀人口不断涌流，高水平人才层出不穷，经济社会才能更好地发展，国家才有希望。到2021年底，我国接受高等教育的在校生有5536万人，加上高中阶段、义务教育阶段等所有在校学生有3.02亿人。我们要通过进一步深化教育、科技相关改革，创造更加有利于人才成长的环境条件，使我国人口在政治、思想、文化、科学、技能、品德等各个方面都能得到快速提升，各类高端人才喷涌而出，以此作为我国新型的人口红利，助推中国式现代化的全面实现。

城市基层治理现代化

王杰秀*

我国城市人口占总人口的比例已达 65.22%,接近总人口的 2/3,城市治理现代化水平从根本上决定着中国式现代化的成效。基层是一切工作的落脚点,基层强则国家强、基层安则国家安。我国国家治理体系的一个优势就是把治理的基础筑牢。推进城市治理现代化,要抓好城市基层治理现代化这项基础性工作。

第一,加快构建现代化的街道管理体制。 党中央、国务院《关于加强基层治理体系和治理能力现代化的意见》,明确了街道和社区在治理体系中的基层定位。街道是中国特色的城市基层组织形态,向上对接基层政府、向下联结基层群众性自治组织,是城市基层治理的关键节点、重要枢纽,其地位独特、优势明显。2022 年 3 月修订的《中华人民共和国地方各级人民代表大会和地方各级人民政府组织法》,明确了街道办事处作为派出机关的法定地位。从各地实践看,街道办事处虽不是一级政府,但履行着几乎所有政府职能。推进街道管理体制现代化,必须认识把握街道作为我国最基层行政单位、社会治理主阵地、服务群众前沿的地位作用,深入研究解决法治不健全、权责不清晰、行政管理与基层自治衔接不畅等瓶颈制约,全面加强街道治理能力建设,充分展现街道体制灵活、机制高效、执行有力的优势。一是要积极回

---

* 作者系民政部政策研究中心主任。

应地方和基层对推进国家层面街道立法的现实需要，在总结地方立法实践经验的基础上，研究制定街道领域国家层面专门法律法规，夯实街道改革的法治保障。二是要理顺街道和职能部门条块关系，合理划分管理边界，强化街道统筹职能，做实街道指挥调度、监督评价等权限，优化整合各类基层管理服务机构，形成"条专块统、条块协同"、同频共振、同向发力的工作格局。三是要发挥好衔接行政管理与基层自治的职责作用，加强对城市居委会工作的指导、支持和帮助，既积极向基层政府反映群众的意见建议、诉求呼声，也更多运用协商等现代治理方式处理社区事务。

第二，全面提升党领导下的基层治理多元参与水平。 城市基层场域既是城市治理的基本单元，也是居民群众共同生活的家园，多元主体汇聚之地。健全党领导下的多元参与体制机制，科学研判基层治理面临的新形势新挑战，补足多元参与不足不实的短板，全面提升多元参与水平，实现共建共治共享，是推进基层治理现代化的关键。一是要把党的领导贯穿基层治理全过程各领域。我国基层治理创新的一条根本经验就是全面加强党的领导，形成党建引领下的政府、市场与社会协同共治的"善治"模式。要强化党组织的政治功能和组织功能，有效发挥基层党组织在整合党政部门各个条线基层工作力量、驻社区单位、社区自治组织、社区社会组织、社区物业服务机构、社区党员、"两代表一委员"、社区志愿服务力量等各方面力量，协调各方利益、统筹各方资源等方面的重要作用，以广泛、真实、充分的参与推动相关制度和工作落地落实，推动基层社会治理的发展进步。二是要科学因应基层治理面临的新形势新挑战。一方面，随着经济社会发展，人民群众对美好生活的期待越来越高，这对基层治理提出了新的更高要求。人民群众不仅对社区服务的要求从有没有向好不好、优不优转变，对民主法治、公平正义、社会参与的要求也不断升级。另一方面，被西方学者称为"21世纪最为宏伟壮观的人类社会大变迁"的中国城市化进程，也带来了数量庞大的流动人口。清华大学中国经济数据中心日前发布的中国城镇化调查数据显示，我国流动人口占总人口的21.7%，约为2.8亿人，其中农业户籍人口的流动率为21%，非农户籍人口的流动率达到23.7%。当前中国社会人口流动并非仅仅是农民工的流动，在城镇社会内部，那些来自小城镇、中小城市，拥有非农户籍的人口，也在大规模地从一个城市流动到另一个城市。流动人口的社会参与面临一系列需要深入研究的问题。同时，城市新经济组织和新社会组织的发展，尤其是数字经济、平台经济等新经济形态新业态模式不断壮大，催生了快递小哥、网约车司机等新兴职业群体。据统计，到2021年底我国灵活就业人员规模已经达到2亿人，绝大部分是在城市地区。这些新就业群体，身份更加多样，务工方式更加灵活，诉求更加多元，需要加强制度创新，为他们更好参与基层治理、更好融入城市社会创造良好条件。三是要深入推进自治、法治、德治相结合。在坚持法治思维、依法办事的基础上，要发展好群众自治和基层民主，夯实全过程人民民主的基础。充分运用民主选举、民主协商、民主决策、民主管理、民主监督在基层自治中的作用，实现过程民主和成果民主、程序民主和实质民主、直接民主和间接民主、人民民主和国家意志相统一。特别是发展好协商民主这一中国特色的民主形式，健全民主协商机制，处理好程序和内容、协商与决策、决策与执行之间的关系，使中国特色的基层民主真正成为最广泛、最真实、最管用的民主，实现民主和治理有效性的统一。要深入研究中国传统文化中的儒家、法家、道家的基层治理思想和中国传统社会乡村自治实践经验，继承和发扬中华优秀传统基层治理文化。充分运用德治手段解决基层社会、邻里之间的矛盾和问题，把道德春风化雨的作用真正体现在基层治理之中。

第三，全面推进社区服务现代化。 社区服务是社区治理的重要组成部分，关系民生、连着民心，不断推进社区服务现代化，强化社区为民、便民、安民功能，解决好老百姓的操心事、烦心事、揪心事，提升人民群众的获得感、幸福感、安全感，是推进基层治理现代化建设的必然要求。社区是触及居民生活的"最后一公里"，社区服务包罗万象，面向社会全龄人口，要以老年人、儿童等为重点，大力发展社区养老、托幼、就业等服务。社区在提供养老育幼服务方面有着天然的优势，也面临着艰巨的任务。以养老服务为例，截至2022年底，全国60岁及以上人口已经超过2.8亿人，占全国人口的19.8%，预计到2035年将增至4.2亿人，占比将超过30%。重度老龄化叠加人口负增长将是贯穿21世纪的新国情，原居安老是全世界老年人的共同愿望，中国老年人尤其如此，目前中国99%的老年人在社区居家养老，机构养老人数不足1%。人口结构的变化催生了社区养老服务的巨大需求，推进社区养老服务高质量发展，需解决设施数量不足、服务质量不高、局部功能错位等制约因素。同时，物业服务是一种面向城市全龄人口的特殊社区服务形式，是城市居民不可或缺的服务之一，因物业服务而产生的问题和冲突已成为一种新型的城市基层矛盾，严重影响着城市居民的"民生三感"。推进社区服务现代化，需要及时感知社区居民的需求，因地制宜创新中国特色物业服务体制机制，推动社区服务向以群众需求为导向转变，破解社区服务的痛点堵点，把党和政府的为民好事办到群众心坎里。

第四，加强基层治理现代化的科技支撑。 没有信息化就没有现代化，城市基层治理现代化离不开信息化支撑。与时代发展同步，从20世纪90年代发端于政务服务"一门式"的基层治理信息化改革，已经走过了不断迭代升级的20多个年头，目前各地正在积极推进智慧社区建设。信息化深刻改变了基层治理方式，各地应用大数据、云计算、人工智能等信息技术手段，整合社区各类服务资源，打造基于信息化、智能化基层治理新形态。立足基层治理信息化实际，要有效回应基层迫切需要的系统整合、应用场景集成开发、数据推送、沉淀数据活化需求，切实加强顶层设计，全面系统推进集约建设智慧社区平台、拓展智慧社区治理场景、构筑社区数字生活新图景、推进大数据在社区应用、精简归并社区数据录入和加强智慧社区基础设施建设改造等工作。同时要防范过度强调"指尖办公"，政务App过多形成的新的基层负担，以及信息化给老年人等弱势群体带来的数字鸿沟、数字围栏和新的社会隔离，使现代信息技术在基层治理中的支撑作用日益彰显。

提升治理能力的理论逻辑与实践方向

张树华 *

"天下之势不盛则衰,天下之治不进则退。"当今世界,国际局势跌宕起伏,发展鸿沟不断拉大。在世界百年未有之大变局与中华民族伟大复兴的战略全局相互交织的背景下,推进治理能力与治理体系现代化对实现"两个一百年"奋斗目标具有根本性、关键性的作用。2023年3月,《党和国家机构改革方案》明确提出组建中央社会工作部。这是坚持党的全面领导、坚持以人民为中心的原则,系统化、整体化推进社会治理的一次自我革命和制度创新。在此背景下,深入研讨进一步提升治理能力的理论创新与实践方向,对于推进国家治理与基层社会治理现代化具有重要意义。

首先,要树立大治理观。 大治理观,也是新治理观,强调治理整体性、结构性、立体性、动态性、综合性思维,强调社会治理不同层级和方面的有机统一,都体现了大治理观的理念精髓与思想内核。我们讲社会治理、基层治理、市域治理等,实践中它们往往是彼此关联、交叉重叠,都可以包含在大治理、大社会的范畴之中。大治理观要求在整体性目标统摄下,充分理解和把握整体与局部、条条与块块、横向与纵向的关系。应善于梳理治理脉络与结构,在纵横交错的层级中展开系统性研究。

---

* 作者系中国政治学会常务副会长、中国社会科学院政治学研究所所长、《政治学研究》总编、中国社会科学院大学政府管理学院院长。

其次，要坚持人民至上。 树立大治理观，其核心是以人民为中心。要把实现好、维护好、发展好最广大人民的根本利益作为一切工作的出发点和落脚点。"大鹏之动，非一羽之轻也；骐骥之速，非一足之力也。"推进治理现代化，需站在人民立场，深入实际、深入群众，做到知民情、解民忧、纾民怨、暖民心。近年来，中国式现代化、全过程人民民主、共同富裕等概念范畴陆续提出，其核心及价值内涵的归依是人民性、人民立场、人民至上。

再次，要坚持系统思维和辩证思维，处理好治理中的若干关系。 习近平总书记在学习贯彻党的二十大精神研讨班开班式上发表重要讲话指出，推进中国式现代化是一个系统工程，需要统筹兼顾、系统谋划和整体推进，要正确处理好顶层设计与实践探索、战略与策略、守正与创新、效率与公平、活力与秩序、自立自强与对外开放等一系列重大关系。这六大关系既辩证统一又一脉相承，既着眼长远又脚踏实地，充分体现了马克思主义唯物辩证的思想方法，是我们党对推进中国式现代化认识的进一步深化，为我们驾驭复杂局面、战胜风险挑战，稳步推进国家治理现代化，沿着中国式现代化的康庄大道阔步前行提供了根本遵循。

我国在推进新时代国家治理现代化方面取得了一系列伟大成就，但一些深层次问题仍然存在，一些突出矛盾亟待解决：一是地方改革创新的探索积极性正在下降；二是干部担当作为精神缺乏问题日趋严重；三是区域发展差距仍然存在，治理现代化在区域间不平衡不充分矛盾仍然突出；四是国家治理现代化面临的挑战不断增强，层层压力传导和制度刚性有余，而弹性活力不足；五是社会利益关系已逐步进入内卷化的"存量博弈"时期，调整利益关系牵一发而动全身；六是国家治理制度叠加堆积、固化僵化倾向明显，运行受阻而成本增高。面对新挑战、新问题，必须正确把握和处理好国家治理中的复杂关系。比如，国家治理中主要矛盾与次要矛盾的关系，理论与实践的辩证关系，思想理念与方针政策的关系，长期目标与近期任务的关系，重点工作与一般要求的关系，中央与地方的关系，整体与局部的关系，常态化治理与非常态治理的关系，制度规定与政策创新的关系，发展为先与治理为要的关系，民主与集中的关系，管治思维与创新导向的关系，秩序规范与活力效率的关系，法治与德治的关系，民主与民生的关系，压力与动力的关系，成本与成效的关系，全面整体推进与重点突破的关系，治理中有所为与有所不为的关系，舍与得的关系。这20组关系的选取，一方面是基于国家治理的内在逻辑，另一方面是基于对治理中现实问题的认识。只有深刻理解这些关系，才能准确把握和科学回答国家治理中的中国问题，才能有效化解国家发展中的风险和隐患，才能持续增强治理能力、不断提升国家治理的水平，从而实现国家治理既井然有序，又生机勃勃、活力迸发。

最后，要以实现人民对美好生活的向往作为出发点和落脚点，坚定不移走实现中国式共同富裕之路。 实现共同富裕是党的历史使命，是社会主义的本质要求，是中国式现代化的核心内容。走中国式共同富裕道路，需要坚持中国式理念、路径和方略。中国式现代化是迈向美好生活的现代化。美好生活是对共同富裕目标的诗意表达，是对中国未来远景的愿景描述，体现着全中国人民的幸福向往。美好生活，即要锚定人民对幸福生活的向往，顺应人民对文明进步的渴望，努力实现物质富裕、政治清明、精神富足、社会安定、生态宜人。美好生活，让现代化更好回应人民各方面诉求和多层次需要，既增进当代人福祉，又保障子孙后代权益，促进人类社会可持续发展。

要扎实迈向共同富裕，实现人民群众对美好生活的向往，走出一条中国式现代化之路，应在以下几个方面着力。一是发展为先，质量为要，保就业，稳增长。要通过共同奋斗做大做好"蛋糕"，优化制度机制切好分好"蛋糕"。强化就业优先导向，提高经济增长的就业带动力。同时，需以按劳分配为主体，完善按要素分配政策和加大收入调节力度。二是补齐公共服务的短板。当前国际经济下行压力加大，对国内就业、民生等领域形成压力，人民群众对社会公平正义和共同富裕的关注更加敏感和强烈。尤其要着力补齐公共服务短板。民生是人民幸福之基、社会和谐之本。坚持以保障和改善民生为重点，就要全力做好普惠性、基础性、兜底性民生建设，在幼有所育、学有所教、劳有所得、病有所医、老有所养、住有所居、弱有所扶等方面不断取得新进展。三是坚持"要想富，先减负"。要想"共同富"，先减"普遍负"。坚持问题导向，启动靶向治疗，切实解决老百姓急难愁盼的身边事、烦心事，下大力气冲破部门利益藩篱，解决一些普遍性的问题，让广大群众"办事不求人"。四是丰富公共服务主体。明确各级政府在基本公共服务供给中的主体地位和主体责任，发挥好政府在优化和丰富公共服务供给方面的主体角色和带动作用。同时，积极吸纳社会力量，支持有意愿有能力的企业和社会群体积极参与公益慈善事业。五是打造全体人民共享、世界各国称赞的"中国服务"品牌。从普惠均等、智能精准、便捷高效三个方面，搭建并优化高质量共享平台，推进公共产品供给的创新，针对性打造高质量公共服务，培育、建设"中国服务"品牌。政府主导顶层统筹设计，以"中国服务"为公共品牌，各级政府"××服务"为公共服务子品牌，构建中国特色、世界领先、高质量、高标准的公共服务标准和品牌形象。不仅使国内消费者从品牌辨识开始增强对中国公共服务质量的认知，而且使"中国服务"成为全面展示新时代中国制造、中国智造、中国建设、中国之治等国家形象的重要标志，这有助于增强人们对中国政府形象的理解和认可，进而提升人民生活的满意度和幸福感，提升中国的国际影响力。

数字社会视域下中国式现代化与人的全面发展

李 韬*

党的二十大提出"以中国式现代化全面推进中华民族伟大复兴"的使命任务,同时提出,要加快建设网络强国、数字中国。从农业时代到工业时代,再到数字时代,网络信息技术成为生产力中最活跃、最具革命性的因素,数据成为重要生产要素,并成为一个国家或地区最为重要的战略资源。以人工智能、机器学习、自动化、大数据、云计算、区块链等为代表的数字技术的快速发展与应用,不断催生新模式、新业态。智能制造、能源互联网、新材料等领域蓬勃发展,正在引发多领域系统性、群体性技术变革。当今世界,互联网、大数据、人工智能,以及物联网、区块链等数字技术加速迭代、跨界融合,人类社会正处于波澜壮阔的数字化进程中,数字化与现代化交织发展的图景日益清晰。人类已无可避免地进入了一个崭新的数字社会,数字化已成为中国式现代化的先导力量,对人的现代化,特别是人的自由全面发展影响深远。

事实上,现代化是一个多阶段、多层次的历史发展过程。广义上的现代化是一个世界性的历史过程,是人类社会工业革命以来所经历的急剧变革[①],

---

* 作者系北京师范大学中国社会管理研究院院长、互联网发展研究院院长,新闻传播学院教授、博士生导师,中国社会治理研究会数字治理分会会长。

① 罗荣渠:《现代化新论——世界与中国的现代化进程》,北京大学出版社1993年版,第16页。

既包括以工业化为推动力，推动传统农业社会向现代农业社会的全球性的大转变过程，也包括以数字化为推动力，推动工业社会向信息社会、数字社会的全球性的转变过程，在上述转变过程中，经济、政治、文化、思想等各个领域都得以相互渗透。就现代化过程的不同层面而言，经济发展是物质层面，政治发展是制度层面，而人的思想行为模式是社会深度层面。也即，现代化不仅是经济发展，也是政治发展，更是代表我们这个历史时代的一种文明形式。从这个角度来看，现代化是人类对自己的自然环境和社会环境的合理性控制的扩大。[1] 片面强调工业现代化、经济现代化是不够全面的，若是人的心理、思想和行为方式没有实现现代化的转变，是很难成为真正意义上的现代化的。阿历克斯·英格尔斯对现代人的特征研究表明，发展的最终要求是人在素质方面的改变，即从传统主义到个人的现代性的转变。[2] 现代化是人类在文明演进过程中展开的一场自我革新的事业，其实质在于人类自我觉醒、启蒙之后自主选择踏上更具合理性和人文关怀的新文明道路。[3]

一 促进人的自由全面发展是中国式现代化的核心目标

"现代化的本质是人的现代化。"[4] 一方面，人是现代化事业的建设者、推动者，是现代化事业的主体；另一方面，现代化事业这一历史进程又深刻影响着人的观念、行为，进而深刻影响人的全面发展。客观看，中国式现代化归根结底是人的现代化，要以促进人的自由全面发展为价值追求与核心目标。人口规模巨大是中国面临的客观现实，是中国的基本国情，也是中国式现代化的逻辑起点与前提基础。人口规模巨大，一方面是发展的动力、机会与红

---

[1] 西里尔·E. 布莱克：《比较现代化》，杨豫译，上海译文出版社1996年版，第66页。
[2] 阿历克斯·英格尔斯：《人的现代化》，殷陆君译，四川人民出版社1985年版，第6—7页。
[3] 李萍：《论中国式现代化进程中的公民道德建设》，《社会治理》2022年第9期。
[4] 中共中央文献研究室编《十八大以来重要文献选编》（上），中央文献出版社2014年版，第594页。

利,另一方面也使得国家现代化面临巨大压力和挑战。经济社会发展最终要以实现每个人的自由全面发展作为目标和尺度,只有中国人普遍实现了全面的现代化,中国社会才能实现全面的现代化。因此,人口规模巨大社会历史背景下的现代化,必须把人的现代化放在首位,把促进人的自由全面发展作为目标和要旨。

人的现代化是社会现代化的根本目标和显著标志。在我国传统文化当中,以人为本思想源远流长。早在《左传》中就已经出现了"民受天地之中以生"的人本思想。《孝经·圣治》引孔子之语说"天地之性,人为贵",荀子也认为"人有气、有生、有知,亦且有义,故最为天下贵也"。马克思主义经典作家认为,未来社会是"以每个人的全面而自由的发展为基本原则的社会形式"①,在未来社会联合体里,"每个人的自由发展是一切人的自由发展的条件"②。马克思进一步指出,只有在"真正的共同体"中,"个人才能获得全面发展其才能的手段,也就是说,只有在共同体中才可能有个人自由"③。

阿马蒂亚·森基于亚里士多德关于生活质量和亚当·斯密关于生活必需品的论述,认为发展的实质是人的发展,是人类在自然历史演进中不断追求自由全面发展的过程④,并围绕"人的实质自由是发展的根本目标和重要手段"⑤这一核心思想,提出人获得自由发展的有价值可行能力应包括拥有获得食品、衣着、居住、行动、教育、健康、社会参与等各种功能性活动的能力。也即,人的自由发展应包括三个层面的自由:不断改善与人们基本物质生活需要相关的经济福利层面的自由,获得均等的健康、教育、就业机会等的可行能力提升的自由,不断追求无限精神的自由。事实上,从1990年开始,联合国开发计划署每年都会发表不同主题的《人类发展报告》,提出人类社会发

---

① 卡尔·马克思:《资本论》第1卷,人民出版社1975年版,第649页。
② 《马克思恩格斯选集》第1卷,人民出版社1995年版,第294页。
③ 《马克思恩格斯选集》第1卷,人民出版社1995年版,第119页。
④ Sen A., "Poverty: An Order Approach to Measurement," *Econometrica*, 1976, 44 (2): 219—231.
⑤ 李宝元:《人本发展经济学要义——阿马蒂亚·森"以自由看发展"思想的一个理论拓展》,《财经问题研究》2006年第9期。

展必须将人本身的发展放在所关心的一切发展问题的中心,人类发展就是扩大人的选择范围的过程。

在我国现代化进程中,人的全面发展的不同维度也得到了充分体现。根据《中华人民共和国国民经济和社会发展第十四个五年规划和2035年远景目标纲要》,我国基本实现社会主义现代化时,要实现"国民素质和社会文明程度达到新高度""基本公共服务实现均等化""城乡区域发展差距和居民生活水平差距显著缩小""人民生活更加美好,人的全面发展、全体人民共同富裕取得更为明显的实质性进展"等目标。由此可见,人的全面发展应包括:经济层面的收入水平的普遍性提升,教育、健康等基本公共服务更加均等、普惠,人们精神文化生活水平更高,人们的主观福祉水平持续不断提升等。

二 数字化助力人的自由全面发展的内在逻辑

当今时代,以互联网、大数据、人工智能等为代表的数字技术已经成为新的生产力,数字技术与应用已深度融合渗透到政治经济、社会文化、生产生活、国防军事等各个方面,数字空间成为人们生产生活新空间、国家发展新疆域、社会治理新领域。应该说,数字化对人的全面发展和不同发展维度的影响极为深远。

(一)数字化促进了生产力的快速发展,为人的全面发展提供了必要的物质基础

如何才能促进人的自由全面发展?马克思主义认为,最为根本的是大力发展社会生产力。只有社会生产力高度发达,人的自由全面发展才能得到保障和真正实现。工业经济时代,蒸汽机、电力等科技发明应用极大地促进了工业时代物质文明的进步。马克思、恩格斯在《共产党宣言》中指出,"资产阶级在它的不到一百年的阶级统治中所创造的生产力,比过去一切世代创造

的全部生产力还要多,还要大"①。同样,在数字时代,数字化促进了生产力的快速发展。数字化、网络化、智能化加速发展、迭代演进,短短几十年的时间创造了前人难以想象的巨大物质财富,促进了人类物质文明空前繁荣。2022年,美国、中国、德国、日本、韩国5个国家的数字经济总量为31万亿美元,数字经济占GDP的比重为58%。2022年,我国数字经济规模达50.2万亿元人民币,同比增长10.3%,占GDP的比重为41.5%。数字化有助于促进经济高效率、高质量、更大规模、更优发展。一是数字化有助于提高经济运行效率,数字技术的使用增加了信息的流动,减少了不同交易方的信息不对称,减少了不同交易方之间的物理空间距离,进而有助于降低交易方之间的沟通成本和运输成本,有助于提高经济运行效率。二是数字化为迅速规模化提供了条件,平台商业利用不直接拥有或者控制的资源创造价值,能够比传统业务增长得更迅速;加上平台零边际成本、网络性等特征,使得平台型企业能够迅速形成需求端的规模化。三是大数据和智能计算的运用使得资源配置实现最优化,数字化平台也使企业能够利用未得到充分利用的物质资本和人力资本,盘活闲置资本。四是具有显著的竞争力和提升生产力的机会,通过访问数字化产品和服务优化流程和生产,减少交易成本。五是互联网具有显著的网络性和正外部性,能够间接带动经济增长。另外,平台经济与共享经济对满足个性化需求和提供定制化服务、促进电子商务和贸易便利化、实现产业聚合与产业生态重塑等方面都具有重要影响。

(二)数字化有助于实现公共服务均等化,提高人的全面发展的可行能力

互联网最重要的特征是包容和共享,大数据、云计算、人工智能等新一代数字技术普惠性、便捷性、开源性、共享性的特征,以及数字平台网络效应、零边际成本、规模经济、长尾效应等特征,有助于促使人的衣、食、住、行等基本需要以及教育、健康、养老等公共服务变得更加便利、普惠和共享,

---

① 《马克思恩格斯文集》第2卷,人民出版社2009年版,第36页。

进而助力实现全体人民共同富裕的现代化。数字化技术和平台在促进创新和加强互联、促进社会公共服务可及性与均等化、提供新的就业机会等方面作用显著。一些传统的服务业在互联网平台的支撑下，可以改变服务的提供方式，让最偏远的地区和低收入群体获得公共服务，从而提升公共服务的便利化和均等化水平。基于移动互联网的在线教育技术的发展、数字教育资源的开发，使得居住在边远地区的人们可以获得开放、共享的教育服务。依托数字技术、移动便携式设备、数字平台等有助于赋能基层，为基层患者提供远程诊断、远程问诊、健康咨询等服务，将优质医疗资源下沉到基层，扩大优质医疗资源的覆盖面，提高优质医疗资源的可及性、可负担性，助推医疗卫生健康服务更加普惠。① 数字技术还将有助于回答如何提供受到治疗费用高昂和公共财政薄弱威胁的医疗平等问题。

（三）数字化有助于实现人的精神文明现代化，提高人的主观福祉

从人类发展历史来看，今日人类的生活水平已近乎比历史上任何时期都要好。越来越多的人变得更加富有，人类的寿命变得更长。然而，一些国家和地区却出现了幸福不随收入增加而增加的"幸福收入悖论"。除了物质以外什么才能让人变得幸福？心理精神文明建设或许是解密"幸福收入悖论"的关键因素。精神文明建设在数字空间得以快速发展。数字化、网络化、智能化突破了人类活动的时间和空间限制，开辟了交流互动、知识共享的新空间，互联网成为文化传播和文明传承的新载体。互联网信息内容极大丰富，人们获得信息内容的渠道更多、获得信息的方式更加便利，这为更好满足广大网民的网络精神文化需求提供了重要支撑，也必将催生更为丰富、更加个性化、更加多元化的文化形态和文化财富，人类文明将空前繁荣，人类社会将整体迈上更高的文明层次。虚拟现实、增强现实以及混合现实将提供更加丰富多

---

① 李韬、冯贺霞、冯宇坤：《数字技术在健康贫困治理中的创新应用研究——以甘肃省临夏州数字健康扶贫实践为例》，《电子政务》2021年第9期。

彩的社会活动空间，以满足人们更高层次的精神需求。数字化的即时性，让人的精神联动更加紧密，移动社交媒体技术和应用的加速发展和迭代演进，丰富了人们社会交往方式，拓展了精神文明维度，满足了多向度的精神文化需求，提升了人们的主观福祉。

（四）数字化有助于破除人们头脑中的桎梏，培育新精神、引导新行为

数字化进一步解放和发展了生产力，重塑了社会生产关系，打破了人们头脑中原有的桎梏，促进人的思想观念、思维方式、价值尺度、行为方式和情感等方面的现代化。开放、创新、包容、共享是数字化的特质，这些精神特质有助于涵养数字时代人的创新精神、开放意识、共享观念、包容态度。数字生活方式已成为人们的日用常行。不能脚已经迈进了数字时代，身体还停留在工业时代，大脑里还是农业时代的价值观念和思维模式。作为全球最大网民规模的国家，提升网民数字素养、推进数字能力建设成为数字空间现代化的重要内容。如何更好发挥数字化、智能化的引领和支撑作用，不断提升全体公民数字素养和数字化发展能力，助力14亿多人口整体迈进现代化社会，是重要的时代命题。

三　数字化赋能人的全面发展的实践路径

没有信息化就没有现代化，没有数字化就没有中国式现代化的蓬勃发展。数字化在全面助力中国式现代化伟大实践的同时，也伴随着很多问题和挑战。回顾历史，不难发现，任何一次科技革命和产业变革，都会伴随着巨大的经济方式转变、产业结构变革、社会机制重塑等。面对数字化技术变革、社会变革以及与之相伴生的新问题新挑战，我们需要主动拥抱这种变化，进行适应性变革和调试，特别是要树立数字思维、提升数字可行能力、促进数字生产力发展，为人的现代化特别是人的自由全面发展夯基垒石。

一是进一步释放数字生产力，夯实人的自由全面发展的物质基础。 创

新是互联网的基因。数字经济发展历程本身就是对原有监管政策、法规体系不断突破的过程,平台经济、共享经济等数字经济新业态的加速迭代、跨越发展,必然还会对现行政策法规体系构成新的冲击。这对政府监管提出了新的更高的要求。对于平台经济、共享经济这一代表着新的生产力、新的发展方向的新生事物,要坚持审慎包容的监管思路。对于看准了的就要坚定不移地予以政策支持;对于尚处于发展之中,一时还很难准确把握的,要"让子弹多飞一会儿",密切跟踪调研,冷静思考分析,作出理性判断,不能让创新的思路举措被扼杀在摇篮;对于明显有问题的,要依法坚决果断进行监管。这其中,最为核心的就是要始终坚持"以人民为中心",把人的福祉的提升作为判断是非、正确与错误的标尺。对于"无中生有""有中启转""转中做大"的新经济新业态,应允许试错,包容失败。

二是进一步加强数字可行能力建设,为人的自由全面发展提供必要的基础保障。 在数字化时代,数字技术正在重塑工作所需要的技能。因此,提升微观个体数字能力,使数字化发展成果共享能够覆盖到每一个群体,进而促进其全面发展,是数字能力提升的关键。在数字化条件下,人们获得教育、健康的途径逐渐从"线下"转移到"线上",这对人的数字能力,尤其是老年人、残疾人等特殊群体的数字能力的提升提出了更高的要求。另外,数字化智能化加速发展带来了工作性质的变革。市场对那些容易被取代的重复性的、较低的劳动技能的需求正在降低,对高级认知技能、社会行为技能及与更高适应能力相关的技能组合的需求量在持续增加,劳动力市场越发重视个体迅速适应变革能力。因此,应制定相对普惠、包容的数字发展政策,加大数字时代下人力资本的培养,提高数字社会中人的可行能力,增强其内生动力,促使不同群体更好地应对数字化带来的变革,共享数字化发展带来的红利。

三是进一步提升数字文化力,为人的自由全面发展提供坚实的精神文化支持。 人的现代化包含了思维、价值、心理、情感等方面的现代化。没有对现代化在思维、价值层面的观念更新和在心理、情感层面的社会认同,就没有真正意义上的现代化。随着数字社会的深入发展,人的价值观、消费趋向、社会关系、家庭关系、情感关系、社会心理等也随之发生了颠覆性变化，如趋于创新、共享的价值取向，个性化、体验化、差异化的消费倾向，超越基于熟人信任的网络社会关系等。同时，互联网内容生产与传播容易在资本操控下频繁迎合眼球效应，助长了猎奇、庸俗、低俗、恶俗等快节奏消费内容的泛滥，也催生着虚假的满足和虚幻的快乐。算法推荐使网民长期被动地沉浸在高度同质化的内容与价值观念中，容易形成群体内部的封闭化和外部的圈层化，对主流价值文化构成一定程度的冲击。提升数字文化力可谓是重中之重。一方面，应创新数字化方式和手段，推动精神文化产品内容和形式不断创新丰富，满足人民群众对数字文化、数字生活的新的期待和新的精神需求，加强社会联系与社会融入，让数字时代人的心理文化需求得到更好的满足，让人的价值得到更好的实现。另一方面，应将数字化的文化产品和服务延续到不同群体，尤其是弱势群体早期阶段能够获得、使用的文化产品和服务，让明显的弱势群体得以更方便、更安全、更有尊严地生活，让智能技术发展与智慧社会相协调。

第二编
社会治理新进展新任务

数字时代的到来,对工业时代标准化社会大生产形成日益严峻的系统性挑战,传统安全与非传统安全议题的界限开始被高频打破,安全事务间的交互转化成为常态,对传统治理体系与治理方式提出新的要求。

新时代的"八大新理念"

刘应杰[*]

党的十八以来,中国特色社会主义进入新时代,形成了习近平新时代中国特色社会主义思想,其中蕴含了许多社会治理的新理念。要研究探讨中国特色社会治理,需要系统总结新时代中国社会治理的新理念,进一步丰富和完善中国特色社会治理理论,指导和推动中国社会治理的实践发展。

概括起来,新时代中国社会治理有以下"八大新理念"。

一 以人民为中心的理念

以人民为中心,体现了社会主义的本质要求,是中国特色社会主义价值观的重要标志,是中国社会治理最根本的理念。我国的发展以人民为中心,社会治理同样以人民为中心,坚持人民至上、以民为本,发展依靠人民、发展为了人民、发展成果由人民共享,实现好、维护好、发展好最广大人民的根本利益。

这些年来,以人民为中心的发展理念体现在社会治理的许多方面,最突出地表现在疫情防控之中。3年多来,面对反复肆虐的疫情,我国始终坚持人民至上、生命至上,把保护人民群众生命安全和身体健康放在第一位,统筹

---

[*] 作者系国务院研究室调研组组长,中国创新战略和政策研究中心副主任、研究员。

疫情防控和经济社会发展，取得了疫情防控的重大胜利和经济社会发展的新成就。

以人民为中心的发展理念突出体现在促进就业工作中。 就业是民生之本，是国家宏观调控的重要指标，也成为衡量一个国家民生状况的重要标志。我们提出就业优先发展战略，实施更加积极的就业政策，千方百计扩大就业。在一个人口超过14亿人、相当于两个欧洲人口的发展中大国，10多年来每年城镇新增就业超过1200万人，实现了相对比较充分的就业，这是非常难得的。一个国家的就业状况，显示出社会治理理念的差异和不同成效。

以人民为中心的发展理念还表现在社会保障体系建设上。 这些年，我们花了很大力气，推动社会保障体系建设取得突破性进展，保基本、兜底线、织密网、建机制，建立起统筹城乡、覆盖全民的社会保障体系，包括教育、医疗、养老、低保、住房以及社会救助和社会福利等方面。这些方面的制度建设，织起了一张全世界最大规模的社会保障安全网，为城乡居民提供了基本的生活保障。这是最普遍的惠民之举，也是以人民为中心发展理念的体现。

二 共享发展的理念

我国发展进入新阶段，以习近平同志为核心的党中央提出新发展理念，这就是创新、协调、绿色、开放、共享的理念。共享发展是新发展理念的重要内容，它要求全社会人人共享改革发展成果。与西方一些资本主义国家不同的是，我们的社会发展成果不是只由少数人享有，而是要由全体人民共同享有。

共享发展体现在国家收入分配上。 在国家、企业与职工的收入分配关系中，我们提出要实现"两个同步"、提高"两个比重"，即努力实现居民收入增长与经济发展同步、劳动报酬增长与劳动生产率提高同步；提高居民收入在国民收入分配中的比重，提高劳动报酬在初次分配中的比重。这些年，城乡居民收入增长基本保持与经济增长同步并略高于经济增长，因此人民群众对未来有着乐观预期，认为随着收入不断提高生活会越来越好，全社会呈现出积极向上的心态。这与国外有些国家的情况形成了鲜明对比，如英国工人工资15年没有上涨，美国、日本的居民收入也是很多年没有上涨，因此人民不满情绪增加，甚至出现游行示威要求增加工资待遇。

共享发展体现在居民消费增长上。 消费增长是收入增长的直接结果。这些年，随着居民收入不断增长，消费呈现快速发展之势，特别是新兴消费如旅游消费出现爆发式增长。我国成为全世界出国旅游人数最多、增长速度最快、消费规模最大的国家，许多国家都把吸引中国游客作为重要的国家发展战略，希望通过扩大旅游消费拉动本国经济增长。疫情前的2019年，中国游客出国旅游达到1.55亿人次，占到全球旅游人次的17%，消费支出达到2500亿美元，相当于葡萄牙的国内生产总值。中国居民的旅游消费增长，不仅加快培育形成更大规模的国内消费市场，而且带动了全球其他国家的生产和消费增长，为全球经济增长作出了积极贡献。

共享发展体现在共享基础设施等基本公共服务上。 我国在世界上被称为"基建狂魔"，这些年来建立起世界领先的一流基础设施，包括铁路、公路、机场、车站、港口等，尤其是高铁超过4.2万公里。国外许多到中国旅行的人，都感叹中国的基础设施先进发达，不仅快速便捷，而且价格惠民。美国驻华大使伯恩斯在线上上传他乘坐高铁从北京到武汉、从北京到上海的图片和评论，对中国的高铁给予好评。有的外国网红评论道，为什么中国能够建设这么好的基础设施，而美国却建设不了？因为中国考虑的是全民共享，而不只是企业的利益，不会把资本盈利作为第一选择。因此，中国的交通费用包括公共汽车、地铁、高铁等，定价都是比较低的，是一般老百姓都可以共享的基本公共服务。

共享发展体现在良好的生态环境上。 我们把良好的生态环境作为一种全民共享的公共产品和公共服务向所有人提供。这些年，我们推动绿色发展，建设美丽中国，包括建设美丽乡村，建设森林城市、花园城市，如建设郊野公园、绿色步道，城市拆迁以后留白增绿，建设街头"口袋公园"等。大家都看到城乡居住环境变得越来越好了,越来越绿色宜居。

共享发展体现在社会安全上。 社会安全也是政府必须提供的公共产品和公共服务。这些年来,城乡居民的社会安全感不断增强。一个外国人来到中国,首先感到的就是安全。这些都是中国人习以为常的现象,但外国人却感到惊讶和不可思议。许多外国人最羡慕的就是中国的广场舞,无论是白天还是夜晚,男女老少一起自由自在地跳舞健身,这充分体现了中国人生活的幸福感和安全感。

三 社会公平正义的理念

公平正义是社会主义的本质特征和内在要求,是我们追求的崇高价值目标。民主、自由、平等、公正,不仅是全人类共同价值,也是社会主义的核心价值。我们要建立一个公平正义的社会,建立一个民主、自由、平等的社会。

公平与效率始终是一个重大原则问题。公平优先还是效率优先?我们经历过一个不断深化认识的过程。党的十四大提出"兼顾效率与公平",党的十四届三中全会提出"效率优先、兼顾公平",党的十六大提出"初次分配注重效率,再次分配注重公平",党的十七大提出"初次分配和再分配都要处理好效率和公平的关系,再分配更加注重公平",党的十九大提出"努力实现更有效率、更加公平的发展",党的二十大提出"着力维护和促进社会公平正义,让现代化建设成果更多更公平惠及全体人民"。

处理好公平与效率的关系,总的来说就是要在努力做大"蛋糕"的同时,更加注重分好"蛋糕",初次分配和再分配都要兼顾效率和公平,再分配更加注重公平。习近平总书记指出:"要在全体人民共同奋斗、经济社会发展的基础上,加紧建设对保障社会公平正义具有重要作用的制度,逐步建立以权利公平、机会公平、规则公平为主要内容的社会公平保障体系,努力营造公平的社会环境,保证人民平等参与、平等发展权利。"

这些年，我们在促进社会公平方面，取得了一些重要进展。

一方面，注重解决区域发展差距问题，加大中央财政转移支付和对口支援工作力度。这成为国家调节收入再分配的重要方式，在全世界可能是独一无二的。中央财政收入的绝大部分用于对中西部地区的转移支付，2022年中央对地方转移支付超过9.7万亿元，占到中央财政支出的73%。我国欠发达地区的财政自给率很低，西藏财政自给率只有10%左右，新疆财政自给率30%，甘肃财政自给率25%，青海财政自给率17%，宁夏财政自给率32%，广西财政自给率31%，贵州财政自给率35%，吉林财政自给率31%，黑龙江财政自给率26%，这些地方财政支出的绝大部分依靠中央财政转移支付。同时，国家开展东中西部对口支援，特别是对口援疆、对口援藏和四省藏区，各支援省份都是按照财政收入的一定比例"真金白银"去支援新疆和西藏地区发展，而且要落实到人、财、物和项目、技术上，落实到当地学校、医院、交通、水利、能源等建设、产业发展和民生改善上，全方位支持当地经济社会发展。这些年，新疆、西藏等西部地区面貌发生了根本性变化，有些方面已经超过中东部地区的发展水平，这与大规模支援密切相关。

另一方面，注重解决城乡发展差距问题，加快推进基本公共服务均等化。国家连续三个五年制定实施基本公共服务发展规划，涉及就业、社保、教育、医疗、养老、住房、文化、体育等各个方面，尽力消除城乡居民之间、不同地区居民之间的基本公共服务差距，给全体居民提供基本生活和发展保障。

四 共同富裕的理念

共同富裕是社会主义的本质要求，中国式现代化就是全体人民共同富裕的现代化。我们的发展目标，就是要在发展经济的基础上，促进全体人民共同富裕，坚决防止两极分化。到2025年，全体人民共同富裕迈出坚实步伐；到2035年，全体人民共同富裕取得更为明显的实质性进展；到本世纪中叶，全体人民共同富裕基本实现。

我国已经全面建成小康社会，如期打赢脱贫攻坚战，在一个14亿多人口的发展中大国，历史性地消除了绝对贫困现象。我国减贫人口占同期全球减贫人口的70%以上，创造了人类减贫史上的中国奇迹，得到了全世界的高度评价。许多没有来过中国的人认为，这么一个发展中人口大国，应该像其他发展中国家一样，存在不少贫民窟，当他们来过中国以后，却看不到印象中的贫民窟，感到不可思议。世界上像印度这样的发展中国家，城市里存在大片的贫民窟，如孟买的达拉维贫民窟居住着100多万人。一些南美国家，例如巴西、阿根廷等都可以看到成片的贫民窟。

在全面建成小康社会之后，我国开启全面建设社会主义现代化强国新征程，开始向着共同富裕的目标迈进。下一步，首先要建设一个富裕社会。现在我国人均国内生产总值达到12814美元，接近世界平均水平12875美元，也接近世界银行最新提出的高收入国家最低门槛13205美元，即将跨越"中等收入陷阱"，进入高收入国家的行列。

中共中央、国务院制定了关于支持浙江高质量发展、建设共同富裕示范区的意见，提出，到2025年，浙江省人均地区生产总值达到中等发达经济体水平。浙江是民营经济发达的省份，共同富裕也取得了积极进展，这使我们思考民营经济发展与实现共同富裕之间的关系。浙江的民营经济不是少数人参与致富的民营经济，而是千家万户、全体人民参与致富的民营经济，因此通过发展民营经济促进了共同富裕。

要构建共同富裕的社会结构，逐步形成以中等收入群体为主体，中间大、两头小的橄榄型社会结构，加快发展壮大中等收入群体，让更多人多劳多得、勤劳致富。

特别要加大收入分配调节力度，构建初次分配、再分配、第三次分配协调配套的制度体系，缩小收入分配差距。完善按要素分配的制度和政策，探索多种渠道增加中低收入群众要素收入，多渠道增加城乡居民财产性收入。完善个人所得税制度，规范收入分配秩序，规范财富积累机制，保护合法收入，调节过高收入，取缔非法收入，使全体人民朝着共同富裕目标扎实迈进。

五 政府、社会、居民良性互动的理念

社会治理的一个重要问题，就是要在社会主义市场经济条件下，处理好政府与社会之间的关系。党的十九届四中全会关于推进国家治理体系和治理能力现代化的决定提出，实现政府治理和社会调节、居民自治良性互动。这就要完善党委领导、政府负责，社会协同，公众参与的社会治理体系。

政府、社会、居民良性互动，合力促进社会治理，是我国社会治理的一大特色和优势。政府、社会、居民在社会治理中具有不同的作用，要找准各自不同的职能定位。政府承担着社会管理和公共服务的职能，各种不同的社会组织配合政府在社会各个领域、各个方面联系组织群众参与社会治理，城乡居民通过各种方式发挥社会治理主体作用。政府、社会、居民三方优势互补，形成合力，共同推动和促进社会治理更好发展，全面提高我国社会治理的能力和水平。

六 自治、法治、德治相结合的理念

自治、法治、德治都是社会治理的有效手段，社会治理涉及不同手段的运用和它们之间的协调配合，最重要的就是自治、法治、德治相结合。党中央提出健全党组织领导的自治、法治、德治相结合的城乡基层治理体系，构建基层社会治理新格局。

中国自古以来就有德治的传统。孔子提出"仁"和"礼"的德治思想，强调为政以德和伦理道德的作用，主张以德治国、以德育民、以德化人。我国农村基层社会长期以来就实行乡村自治，过去乡绅乡贤、宗祠族长在农村社会治理中发挥着重要作用。

自治、法治、德治相结合，要使这三方面功能互补、协同配合。我国实行基层群众自治制度，并且有法律保障，农村实行《村民委员会组织法》，城

市实行《城市居民委员会组织法》。这些年，我国在社区治理中，推行网格化管理和服务积累了一些经验。今后，还要进一步探索基层社区自治的有益模式和有效办法，健全社区管理和服务体制机制。在推进全面依法治国过程中，进一步加强法治社会建设，依法推进社会治理，让法治体现在社会治理的全过程。继承发扬我国的德治传统和优势，让道德在社会治理中发挥更大的作用。自治、法治、德治相结合，充分彰显社会治理的中国特色和实践价值。

七 社会治理共同体的理念

我们强调社会治理中的共建共治共享，坚持和完善共建共治共享的社会治理制度，打造共建共治共享的社会治理格局，建设人人有责、人人尽责、人人享有的社会治理共同体。

社会治理共同体理念强调共建共治共享，这是"人人为我、我为人人"的社会主义集体主义价值观在社会治理中的体现和实现形式。每个人都是社会的一员，都有义务、有权利、有责任参与社会治理，并享受社会治理成果。

社会治理共同体理念是与其他国家不同的中国特色社会主义社会治理的一个重要理念，值得学界、智库等各方面深入研究，结合完善社会治理体制、体系、制度等加以探讨，以丰富和完善中国式社会治理的理论与实践，作为中国特色社会主义制度的一项重要内容，提供中国范例和中国经验。

八 社会治理现代化的理念

社会治理现代化是我国国家治理体系和治理能力现代化的重要内容。在全面建设社会主义现代化国家进程中，需要不断推进社会治理现代化，提高社会治理的能力和水平。

推进社会治理现代化，需要充分学习借鉴世界其他国家社会治理的成功经验，继承中国传统社会治理的优秀思想文化，不断总结中国特色社会主社会治理的实践做法，创新创造新时代中国社会治理的理论、体制、机制、制度和方式方法，把中国特色社会治理提高到一个新水平。

要适应新一轮科技和工业革命新趋势，按照建设数字中国总体规划和建设数字政府、数字经济、数字社会和智能社会的新要求，充分运用现代科技手段推进社会治理，特别是推进社会治理网络化、数字化、信息化、智能化，使用互联网、大数据、云计算、人工智能等最新科技手段，把社会治理融入智慧城市、智慧乡村、智慧社区建设之中，更好地体现精细化管理和人性化服务，推进以人为核心的社会治理现代化。

中国式现代化背景下社会治理的新格局*

杨积堂**

党的二十大进一步指明了党和国家事业的前进方向,是我们党团结带领全国各族人民在新时代新征程坚持和发展中国特色社会主义的政治宣言和行动纲领。党的二十大报告提出以中国式现代化全面推进中华民族伟大复兴,社会治理现代化是中国式现代化的应有之义,党的二十大报告以中国式现代化的本质要求对社会治理作出了新的部署,谋划了中国特色社会治理现代化的新格局。

一 中国特色社会治理的定位确立了新高度

党的二十大报告从"贯彻总体国家安全观",以"新安全格局"把社会治理提升到了"推进国家安全体系和能力现代化,坚决维护国家安全和社会稳定"的新高度,强调国家安全是民族复兴的根基,社会稳定是国家强盛的前提。党的二十大报告在第一部分"过去五年的工作和新时代十年的伟大变革"中强调:"我们贯彻总体国家安全观,国家安全领导体制和法治体系、战略体系、政策体系不断完善,在原则问题上寸步不让,以坚定的意志品质维护国

---

* 本文为2023年度北京社会建设决策咨询研究项目《北京基层治理现代化的理论与实践路径研究》阶段性成果。
** 北京联合大学城乡基层社会治理研究院院长、教授。

家主权、安全、发展利益,国家安全得到全面加强。共建共治共享的社会治理制度进一步健全,民族分裂势力、宗教极端势力、暴力恐怖势力得到有效遏制,扫黑除恶专项斗争取得阶段性成果,有力应对一系列重大自然灾害,平安中国建设迈向更高水平。"将"共建共治共享的社会治理制度进一步健全"作为贯彻总体国家安全观的大格局下取得的成效。同时,将有关完善社会治理体系的部署,放在了报告第十一部分"推进国家安全体系和能力现代化,坚决维护国家安全和社会稳定",强调国家安全是民族复兴的根基,社会稳定是国家强盛的前提。必须坚定不移贯彻总体国家安全观,把维护国家安全贯穿党和国家工作各方面全过程,确保国家安全和社会稳定。要统筹维护和塑造国家安全,夯实国家安全和社会稳定基层基础,建设更高水平的平安中国,以新安全格局保障新发展格局。提出完善社会治理体系。健全共建共治共享的社会治理制度,提升社会治理效能。从而通过不断完善社会治理,使人民幸福、社会稳定、国家安全三位一体,有机统一,见图2-1。

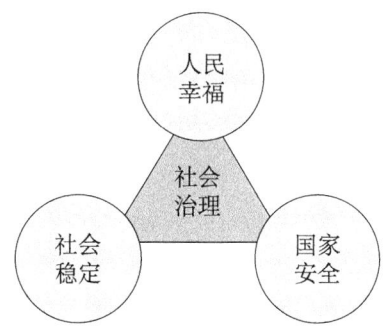

图 2-1 人民幸福、社会稳定、国家安全有机统一

这与历次党代会的表述有比较大的改变,党的十六大报告在第五部分"政治建设和政治体制改革"中,重点在该部分第(九)项"维护社会稳定"中,强调了坚持打防结合、预防为主,落实社会治安综合治理的各项措施,改进社会管理,保持良好的社会秩序。

党的十七大报告在第八部分"加快推进以改善民生为重点的社会建设"第(六)项中,具体部署了"完善社会管理,维护社会安定团结",强调社稳定是人民群众的共同心愿，是改革发展的重要前提。要健全党委领导、政府负责、社会协同、公众参与的社会管理格局，健全基层社会管理体制。

党的十八大报告在第七部分"在改善民生和创新管理中加强社会建设"中，强调加强社会建设，是社会和谐稳定的重要保证。必须从维护最广大人民根本利益的高度，加快健全基本公共服务体系，加强和创新社会管理，推动社会主义和谐社会建设。并在该部分第（六）项中，具体部署了加强和创新社会管理。提高社会管理科学化水平，必须加强社会管理法律、体制机制、能力、人才队伍和信息化建设。改进政府提供公共服务方式，加强基层社会管理和服务体系建设，增强城乡社区服务功能。

党的十九大报告在第八部分"提高保障和改善民生水平，加强和创新社会治理"中，强调打造共建共治共享的社会治理格局。加强社会治理制度建设，完善党委领导、政府负责、社会协同、公众参与、法治保障的社会治理体制，提高社会治理社会化、法治化、智能化、专业化水平。

从党的十六大、十七大、十八大、十九大报告中有关社会稳定、社会管理、社会治理的表述中，可以清晰地看到，党的二十大对社会治理的部署作了全新的定位，突出强调了贯彻国家总体安全观，将完善社会治理提升到了"推进国家安全体系和能力现代化，坚决维护国家安全和社会稳定"的新高度，更加明确了以人民为中心的基层社会治理，只有在确保社会稳定和国家安全的前提下，才能真正实现人民幸福。

二 中国特色社会主义社会治理制度更定型

党的二十大报告进一步明确提出："健全共建共治共享的社会治理制度，提升社会治理效能。"这从党的战略定位上，进一步明确了中国特色社会治理现代化的制度设计就是"共建共治共享"的社会治理制度。这是结合中国国情和民情，党中央在从"社会管理"到"创新社会治理"的不断探索中，形成的社会治理方案和治理智慧。

在党的中央文件中，正式提出"社会治理"这 10 年来，社会治理制度经历了不断创新、加强、完善的过程，逐步形成了中国特色社会主义社会治理制度和社会治理体系。党的十八届三中全会首次提出创新社会治理体制，改进社会治理方式，首次强调坚持系统治理、依法治理、综合治理、源头治理。

党的十八届五中全会进一步提出，加强和创新社会治理，推进社会治理精细化，构建全民共建共享的社会治理格局。

党的十九大报告进一步明确"打造共建共治共享的社会治理格局。加强社会治理制度建设，完善党委领导、政府负责、社会协同、公众参与、法治保障的社会治理体制"。

党的十九届四中全会将"社会治理格局"提升为"社会治理制度"，明确坚持和完善共建共治共享的社会治理制度，并将"社会治理体制"提升为"社会治理体系"，相对于党的十九大报告，补充了"民主协商"和"科技支撑"，进一步提出了，必须加强和创新社会治理，完善党委领导、政府负责、民主协商、社会协同、公众参与、法治保障、科技支撑的社会治理体系。中国特色共建共治共享的社会治理制度在中央文件中首次确立。

党的十九届五中全会、六中全会对共建共治共享的社会治理制度进一步完善和落实。

党的二十大以中国式现代化全面推进中华民族伟大复兴进行了战略谋划，党的二十大报告作为夺取中国特色社会主义新胜利的政治宣言和行动纲领，是马克思主义的纲领性文献，对健全共建共治共享的社会治理制度、提升社会治理效能的目标作了进一步重申和明确，使中国特色社会治理制度更定型。

三 中国特色社会治理的保障体系更系统

党的二十大报告提出，必须坚持系统观念。万事万物是相互联系、相互依存的。只有用普遍联系的、全面系统的、发展变化的观点观察事物，才能把握事物发展规律。中国特色社会主义的社会治理，更加体现了系统性的保障体系。

增强了社会治理的文化保障。 其一，健全网络综合治理体系，推动形成良好网络生态。广泛践行社会主义核心价值观，弘扬以伟大建党精神为源头的中国共产党人精神谱系，深入开展社会主义核心价值观宣传教育，深化爱国主义、集体主义、社会主义教育，着力培养担当民族复兴大任的时代新人。其二，提高全社会文明程度。提高全社会文明程度，实施公民道德建设工程，弘扬中华传统美德，加强家庭家教家风建设，推动明大德、守公德、严私德，提高人民道德水准和文明素养，在全社会弘扬劳动精神、奋斗精神、奉献精神、创造精神、勤俭节约精神。

增强了社会治理的民生保障。 在党的二十大报告第九部分专门强调了"增进民生福祉，提高人民生活品质"，是社会治理现代化的重要民生保障。我们要实现好、维护好、发展好最广大人民根本利益，紧紧抓住人民最关心最直接最现实的利益问题，坚持尽力而为、量力而行，深入群众、深入基层，采取更多惠民生、暖民心举措，着力解决好人民群众急难愁盼问题，健全基本公共服务体系，提高公共服务水平，增强均衡性和可及性，扎实推进共同富裕。

增强了社会治理的法治保障。 党的二十大报告中，专门强调了"加快建设法治社会"，强调法治社会是构筑法治国家的基础。弘扬社会主义法治精神，传承中华优秀传统法律文化，引导全体人民做社会主义法治的忠实崇尚者、自觉遵守者、坚定捍卫者。建设覆盖城乡的现代公共法律服务体系，深入开展法治宣传教育，增强全民法治观念。推进多层次多领域依法治理，提升社会治理法治化水平。发挥领导干部示范带头作用，努力使尊法学法守法用法在全社会蔚然成风。

增强了社会治理的民主保障。 党的二十大报告中，通过加强社会主义民主制度的健全和完善，为社会治理现代化提供了有力的民主保障。其一，全过程人民民主。全过程人民民主是社会主义民主政治的本质属性，是最广泛、最真实、最管用的民主。必须坚定不移走中国特色社会主义政治发展道路,坚持党的领导、人民当家作主、依法治国有机统一,坚持人民主体地位,充分体现人民意志、保障人民权益、激发人民创造活力。其二,积极发展基层民主。党的二十大报告提出:"积极发展基层民主。基层民主是全过程人民民主的重要体现。健全基层党组织领导的基层群众自治机制,加强基层组织建设,完善基层直接民主制度体系和工作体系,增强城乡社区群众自我管理、自我服务、自我教育、自我监督的实效。完善办事公开制度,拓宽基层各类群体有序参与基层治理渠道,保障人民依法管理基层公共事务和公益事业。全心全意依靠工人阶级,健全以职工代表大会为基本形式的企事业单位民主管理制度,维护职工合法权益。"

增强了社会治理的党建保障。 党的二十大报告强调坚定不移全面从严治党,深入推进新时代党的建设新的伟大工程,强调全面建设社会主义现代化国家、全面推进中华民族伟大复兴,关键在党,尤其要求增强党组织政治功能和组织功能,提出了坚持大抓基层的鲜明导向,抓党建促乡村振兴,加强城市社区党建工作,推进以党建引领基层治理,持续整顿软弱涣散基层党组织,把基层党组织建设成为有效实现党的领导的坚强战斗堡垒。

增强了社会治理的"组织保障"。 中央社会工作部的组建让社会治理有了"总统领"。中共中央、国务院印发了《党和国家机构改革方案》。该方案在深化党中央机构改革方面,组建中央社会工作部。这是以习近平同志为核心的党中央为推进国家治理体系和治理能力现代化,在统领社会工作方面取得的又一划时代的历史性成就。由中央社会工作部统领社会工作,是党的二十大对深化机构改革作出的重要部署。其以推进国家治理体系和治理能力现代化为导向,凸显了在社会治理领域加强党中央集中统一领导,开启了中国特色社会主义社会治理的新格局。

新组建的中央社会工作部负责统筹指导人民信访工作,指导人民建议征集工作;统筹推进党建引领基层治理和基层政权建设,统一领导全国性行业协会商会党的工作,协调推动行业协会商会深化改革和转型发展;指导混合所有制企业、非公有制企业和新经济组织、新社会组织、新就业群体党建工作；指导社会工作人才队伍建设等。将原来分别隶属于国家信访局、民政部、中央和国家机关工作委员会、国务院国有资产监督管理委员会党委、中央精神文明建设指导委员会办公室等部门多头管理的相关社会工作职权，统一整合到中央社会工作部，明确中央社会工作部作为党中央集中统领社会工作职能部门，强化了党中央对社会工作的集中统一领导，从而使中国特色社会主义社会治理的内涵更加丰富，更有助于社会大治理和大社会治理。

努力提升农村社会建设水平

苏国霞*

发展农村社会事业，是贯穿脱贫攻坚到乡村振兴的重要任务，是满足广大农民对美好生活向往的有效途径，是实现中国式现代化的必然要求。党的十八大以来，在各方面共同努力下，特别是脱贫攻坚的大力推动，农村社会事业水平不断提升，广大农民群众享受到更好的社会治理、公共服务、基本保障、居住环境，更好地发挥了主体作用。全面贯彻落实党的二十大精神，加快建设农业强国，还需要顺应城乡融合发展的大趋势，统筹规划，协同推进，进一步发展农村社会建设，为中国式现代化作出应有的贡献。

一 党的十八大以来农村社会建设取得的成就

脱贫攻坚不仅历史性地消除了绝对贫困和区域性整体贫困，极大提高农民的收入水平和生活质量，也极大发展了农村社会事业，促进了国家治理体系和治理能力现代化。2021年，党在农村工作的重点历史性地转移到乡村振兴上，社会建设作为重要内容继续推进。

---

* 作者系国家乡村振兴局综合司原司长。

（一）农村基层治理能力极大提高

为了加强村级治理能力，脱贫攻坚期内，中央决定向贫困村和基层组织软弱涣散村选派第一书记和驻村工作队。全国累计选派25.5万个驻村工作队、300多万名第一书记和驻村干部，奋战在脱贫攻坚一线。目前继续向脱贫村、易地扶贫搬迁安置村（社区）、乡村振兴任务重的村和基层组织软弱涣散村选派干部。为了加强以党组织为核心的基层工作体系，2020年10月开始，对全国行政村开展村"两委"（村党支部委员会、村民委员会）换届选举，49.1万个班子全部完成换届，基本实现交叉任职，任期5年。新的村"两委"成员高中以上学历占到74%以上，实现了年轻化、知识化。为了提高村"两委"的号召力和凝聚力，各地通过改革土地制度、能人领办新型经济组织等方式，大力发展壮大集体经济。所有贫困村脱贫的一个标准就是有集体经济，乡村振兴中各地村级集体经济也在发展壮大中。

（二）贫困群众脱贫攻坚主体作用充分发挥

贫困群众不仅是脱贫攻坚的受益者，也是参与者和监督者。建档立卡贫困识别的程序包括农户申请、民主评议、公示公告、逐级审核，全村群众都有参与权。为了实现扶贫扶志扶智，依托农民夜校、新时代讲习所等，加强教育培训，提升贫困群众发展生产和务工扶志经商的基本技能。宣传奖励先进典型，树立榜样。扶贫措施实施过程中，采用生产奖补、劳务补助、以工代赈等方式，引导群众参与。在村里重大事项决策时，实行"四议两公开"（党支部会提议、"两委"会商议、党员大会审议、村民代表会议或村民会议决议，决议公开、实施结果公开）。脱贫攻坚考核评估广泛听取基层意见，群众满意度是考核的重要内容。

（三）农村基本公共服务需求得到极大满足

脱贫攻坚把保障义务教育、基本医疗、住房安全和不愁吃、不愁穿并列作为贫困户脱贫的刚性指标。为了保障义务教育，累计改造贫困地区义务教育薄弱学校10.8万所，实现贫困地区适龄儿童都能在所在村上幼儿园和小学。为了保障基本医疗，消除了乡村两级医疗卫生机构和人员"空白点"，98%的贫困县至少有一所二级以上医院，贫困人口的常见病、慢性病基本能够就近获得及时诊治，医药费报销比例超过90%。为了保障住房安全，累计为790万户2568万贫困人口改造了危房，266万户960多万贫困人口实现易地扶贫搬迁。为了实现不愁吃、不愁穿，将1936万贫困人口纳入农村低保或特困救助供养政策，6098万贫困人口参加了城乡居民基本养老保险。

（四）农村特殊群体生存发展权利得到有效保障

贫困妇女、老年人、困境儿童和残疾人是农村社会中最需要关注的弱势群体。为了改善贫困妇女生存发展状况，脱贫攻坚中培训1021万名贫困妇女和妇女骨干。500多万名贫困妇女通过手工、种植、养殖、家政、电商等增收脱贫。累计发放妇女小额担保贷款和扶贫小额信贷4500多亿元，帮助870万名妇女实现创业增收。为了帮助困境儿童，为集中连片特困地区6~24月龄婴幼儿每天免费提供1包辅食营养补充品，截至2020年底，累计1120万儿童受益。为了改进贫困老年人生活和服务，持续提高农村养老金待遇和贫困老年人口医疗保障水平，经济困难的高龄、失能等老年人补贴制度全面建立，惠及3689万老年人。为了帮助贫困残疾人，帮助他们开发合适的就业岗位，力所能及地发展种养业，700多万贫困残疾人如期脱贫，困难残疾人生活补贴和重度残疾人护理补贴制度惠及2400多万残疾人。

（五）社会动员能力空前凝聚

脱贫攻坚在动员社会力量参与方面开创了新的机制体制。一是民主党派参与监督。中共中央部署8个民主党派中央对口全国8个贫困人口多、贫困发生率高的中西部省区开展脱贫攻坚民主监督，充分发挥了参政党服务中心工作的作用。二是东西部协作。东部9个省市对口帮扶西部14个省区市，优势互补、互惠互利,全方位合作,在就业、产业、人才、教育、卫生等方面取得明显成效。三是机关定点帮扶。307家中央单位帮扶592个贫困县,省级及以下党政机关也建立了定点帮扶制度。不仅加快了贫困县发展,也有力改进了机关作风。四是民营企业、社会组织和公民个人广泛参与。引导市场开发能力强的主体进入资源开发潜力大的地区,实现共同发展。组织开展扶贫公益活动,营造了人人愿为、人人可为、人人能为的社会帮扶氛围。

脱贫攻坚的胜利,为推进乡村振兴、建设农业强国奠定了坚实基础。而脱贫攻坚在农村社会建设方面创造的许多行之有效的制度体系和方法手段,也将在推进乡村振兴的过程中发扬光大,继续发展作用。

二 农村社会建设目前存在的主要问题

改革开放以来,城乡关系发生了历史性变革。农民生计模式的变化导致生活方式、交往模式、价值观念变化,农村熟人社会转向半熟人社会,传统乡村社会的同质性、封闭性、排外性逐渐被个性化、开放性、多元性取代。乡土人情趋于冷漠,人际关系日渐疏离,乡村社会凝聚力弱化,都对农村社会事业发展提出新的挑战。

(一)城乡差距更多体现在社会建设方面

从区域来看,东部地区公共服务水平明显高于中西部地区。从软硬件来看,大量劳动力从农村流向城市,部分村级小学、乡镇医院、健身器材、敬老院等公共服务基础设施处于闲置状态,且合格的乡村教师和医务人员严重不足。从社会保障水平看,我国城市平均低保标准是每人每月711元,全年8532元;而农村是每人每年3662元,城乡比是2.33。

(二)乡村基层治理力量参与不足

随着城镇化的快速推进,大量农村人口"离土又离乡",只剩下老人、妇女、儿童以及其他弱势群体，精英人口的流失使得乡村社会治理人才短缺，社会治理主体弱化。同时，目前没有足够的制度安排和激励政策，村民参与农村社会治理的积极性不高。农民参与村社治理方式较为单一，自治性质的农村社会组织、群众团体、公益组织等严重不足，内生动力依然是农村面临的主要问题。

(三) 移风易俗任务艰巨

一是高价彩礼。攀比心理下索要、炫耀高价彩礼，媒婆、婚介等推波助澜，彩礼金额过高已经成为普遍存在的问题。二是人情礼金。不仅名目繁多、数额过高，甚至为了敛财无事生非，举办"无事酒"，增加农民群众负担。三是厚葬薄养。"活着不孝，死了胡闹。"丧事时间过长、丧礼中开展低俗活动，甚至配阴婚、建活人墓、豪华墓。四是铺张浪费。婚丧期间举办宴席时间过长、规模过大，盲目攀比追求档次，造成严重浪费等问题。个别地方还存在赌博、吸毒等不良现象。

(四) 特殊社会问题没有引起充分重视

一是农村老年人、困境儿童、留守妇女没有得到足够的关怀。二是28560万农民工漂浮在城乡之间，新生代农民工居住就业在城市，户籍、社会保障在农村，社会处境尴尬。三是易地搬迁集中安置区。我国960多万贫困群众实施易地扶贫搬迁，从根本上解决了一方水土养不好一方人的问题，但是居住在3.5万个集中安置区的群众，在基层组织建设、户籍管理、产业就业等方面面临困境。

三 在乡村振兴中加强农村社会事业的政策建议

全面贯彻落实党的二十大精神，锚定2035年基本实现农业现代化、21世纪中叶建成农业强国的目标，继续把乡村建设摆在社会主义现代化建设的重要位置，努力提升农村社会建设水平。

（一）继续加大对农村社会建设的工作和投入力度

此次机构改革的一个重大举措是组建中央社会工作部，这为加强农村社会建设提供了重要契机。未来需要加强农村社会事业发展的顶层设计和跨部门协调，加大对农村社会事业发展的资金保障力度和创新融资模式，补好农村社会事业发展的短板和弱项，特别重视软件建设。

（二）努力提升乡村治理效能

大力实施人才回引工程，着重培养基层骨干，充分发挥乡贤作用。全面落实"四议两公开"制度，实现农民的参与权和知情权。完善基层治理，调动地方政府以及农村居民的积极性，促进其在农村社会事业发展中的参与和共享。发挥互联网在乡村治理中的作用，完善网格化管理、精细化服务、信息化支撑的基层治理平台。

（三）加强农村精神文明建设

加强乡村法治教育和法律服务，完善社会矛盾纠纷多元预防调处化解机制。按照农业农村部等八部门印发的《开展高价彩礼、大操大办等农村移风易俗重点领域突出问题专项治理工作方案》的要求，有效整治相关问题。发挥村规民约作用，宣传移风易俗有效做法和先进典型，促进村民自律自治，营造时代新风。

（四）专题研究解决特殊问题

对于留守在农村的老年人、困境儿童和妇女，对于常驻城市已经不可能回乡务农而户籍在农村的新生代农民工，要分门别类研究专项政策，防止他们被边缘化。对于易地搬迁集中安置区，要统筹解决原承包地和宅基地权益、在城市社区的户籍和社区融入等问题，抓紧建立党的基层组织。要实现教育、医疗、养老等社会政策的公平，加大就业促进力度，保证稳得住、有就业、能致富。

目前农村社会建设方面问题的深层次根源多在城乡关系重构中的不适应，解决问题的根本出路是在推进县域城乡融合发展中提升社会事业水平。要统筹县域城乡规划建设，推动县城城镇化补短板强弱项，加强中心镇市政、服务设施建设。要深入推进县域农民工市民化，建立健全基本公共服务同常住人口挂钩、由常住地供给机制。做好农民工金融服务工作。要梯度配置县乡村公共资源，发展城乡学校共同体、紧密型医疗卫生共同体、养老服务联合体，推动县域供电、供气、电信、邮政等普遍服务类设施城乡统筹建设和管护，有条件的地区推动市政管网、乡村微管网等住户延伸。

国家安全下的基层治理

毛欣娟*

党的二十大擘画了全面建设社会主义现代化国家、以中国式现代化全面推进中华民族伟大复兴的宏伟蓝图。不容忽视的是,中国的发展也进入战略机遇和风险挑战并存、不确定性因素频发的特殊时期,各种"黑天鹅""灰犀牛"事件随时可能发生。为有效防范化解各类风险挑战,守住国家安全的底线,加强社会的基层治理,实现社会基层治理现代化就显得至关重要。

基层是社会发展过程中问题以及矛盾生发的一线场域,是国家政策和法律实施的一线阵地,也是广大民众生产生活的基本场所。基层治理体现了国家权力与民间社会对接的接触面和基础面。众所周知,国家治理内涵外延极其丰富,其中的基层治理是国家治理的根基所在,是国家长治久安的基石。基层治理涉及面宽、涉及量大,直接决定着社会经济是否能够持续发展、繁荣和稳定,在国家治理体系中占有重要位置。

一 国家安全视阈下的基层社会治理创新面临的挑战

"治理"是20世纪西方资本主义国家为了应对社会政治经济发展过程中政府失效和市场失灵等问题而提出的一个概念。1995年,全球治理委员会在

---

* 作者系中国人民公安大学国家安全学院教授、博士生导师。

题为《我们的全球伙伴关系》的报告中对"治理"一词进行了详细的解释,即治理是各个公共的或私人的个人和机构管理其共同事务的诸多方式的总和。它是使互相冲突或不同利益调和并且采取联合行动持续的过程。这既包括有权迫使人们服从的政治制度安排和规制,也包括各种人们同意或以为符合利益的非正式的制度安排。① 社会治理是政府职能的重要组成部分,指国家通过制定一系列政策和规范,对社会组织和社会事务进行规范和引导,培育和健全社会结构,调整各类社会利益关系,回应社会诉求,化解社会矛盾,维护社会公正、社会秩序和社会稳定,维护和健全社会内外环境,促进政治、经济、社会、文化和自然协调发展的一系列活动及其过程。广义上的社会治理还包括其他主体以及社会自身的管理。

基层社会治理创新指针对新形势和新问题基层社会组织在现有的社会治理工作基础上,运用新的社会治理理念、知识、方法和机制等,对基层社会治理工作进行调整或改革,进而提高社会治理效能,形成与新形势和新问题相适应的基层社会治理模式。习近平总书记在党的十九大报告中指出,加强社会治理制度建设,完善党委领导、政府负责、社会协同、智能化、专业化水平。②

基层是解决具体问题化解具体矛盾的智慧之源和创新之地。基层的社会治理是国家安全治理的重要组成部分,涉及面广,问题复杂。基层社会治理的成效直接影响到人民群众的生活和社会的稳定。尤其是随着科学技术的发展以及我国社会进入新时代,一些基层部门原有的社会治理模式在新形势下已经出现不适应的问题,表现在以下四个方面。

第一,进入新时代社会发展不断加快,使得人、财、物的流动性增强,原有的对人、财、物的静态管理模式已经出现了一些问题。例如,在人员管

---

① Commission on Global Governance, *Our Global Neighbourhood*, Oxford: Oxford University Press (1995): p.2.
② 习近平:《决胜全国建成小康社会 夺取新时代中国特色社会主义伟大胜利——在中国共产党第十九次全国代表大会上的报告》,人民出版社2017年版,第49页。

理工作方面，原有的静态人口管理模式已经不适应人口快速流动的现状，不利于社会信息的掌控和对影响社会公共秩序行为的处置等。

第二，社会结构的进一步分化导致群众利益诉求多元和社会矛盾不断增加。群众利益诉求无法合理解决致使群体性事件频发，个人利益诉求无法合理解决致使突发性公共安全事件频发，这给基层的社会治理工作提出了新的挑战。预防化解基层矛盾风险的"枫桥经验"发生在基层，打通抓实"最后一公里"的"街乡吹哨、部门报到"机制也源于基层。过去大量的实践经验证明，基层治理非常重要。

第三，互联网的发展与普及给群众带来方便的同时，也给基层的社会管理带来了新的课题，热点问题在网络上传播快、舆情引导难度增大，这是基层社会治理在互联网管理方面要着力解决的问题。

第四，随着国家法制化水平的提高，民众权利意识也不断增强，这对基层社会治理的规范化水平提出了更高的要求。基层社会组织也应以此为契机，在做好社会治理工作的同时保障好公民的权利。

创新是社会发展的动力，在社会治理领域也不例外。对处于新时代的中国而言，只有基层社会治理得到了切实加强和改善，社会才会更有序、更和谐。

二 基层社会治理创新的价值取向分析

理念是行动的先导，基层社会治理创新同样离不开基本理念的指导。社会治理与社会治理创新是一个问题的两个方面，基层社会治理的价值取向同时也是基层在社会治理创新的过程中需要坚持的，主要包括以下三个方面。

（一）社会治理应坚持以人为本、执政为民的理念

社会治理是为了满足社会成员生存和发展的基本需求、解决社会问题提高社会生活质量。人是社会的主体，社会管理创新中应当坚持以人为本、执

政为民。具体来讲,在基层社会治理创新中,以人为本、执政为民应体现在以下四个方面。第一,方便群众。群众有各种生存和发展的需求,也有提高生活质量的需求,有关部门在做好基层社会治理工作的同时也要最大限度地给群众以方便。这是以人为本、执政为民的理念对社会管理创新的要求。第二,保障人权。我国宪法明确规定国家尊重和保障人权。保障人权是社会治理工作中以人为本、执政为民理念的重要体现,在基层社会治理创新中要把保障人权的理念转化为制度的设计,体现在实际的行动中。第三,公平治理。以人为本、执政为民的理念对每一位公民都是平等的,每一位公民都有公平地享受社会治理的服务与成果的权利。基层社会治理的过程中,不能因为部分人的利益而忽视另一部分人的利益甚至侵害另一部分人的利益,在社会治理创新过程中要时刻注重公平。第四,扩大参与权。社会治理本质上是为了满足群众的需求,而群众自身最清楚自身所需,因此扩大群众在社会管理过程中的参与权也是以人为本、执政为民理念对社会治理创新的内在要求。

(二)提升社会治理的科学化水平

科学技术是生产力,运用到基层社会治理方面,可以提高社会治理的效率,改善社会治理效果。具体来说,一方面是社会治理手段与机制的科学化安排,另一方面是新的技术装备在基层社会治理工作中的运用。当今世界,信息技术、人工智能发展日新月异,为构建更加有效的基层社会安全体系带来了机遇,维护基层社会安全应该适应信息化智能化时代的发展,主动利用信息技术来构建高效的社会安全体系。通过对基层社会安全相关信息的挖掘、分析,把握社会秩序运行的经验规律。这些经验规律对社会安全工作具有非常宝贵的参考价值,为社会安全决策提供重要依据;在分析预警方面,互联网信息技术的深入应用,使社会安全问题的解决更加具有针对性。比如,可以通过分析处理历年公共安全事故数据,提前预警某些安全事故发生的时间地点,为避免事故的再次发生提供重要的预测参考。

在舆情监测方面,大数据的预测性可以大大提高舆情工作的有效性。网民在上网过程中留下了观点、行为、情感等记录,通过对这些数据的挖掘,可以了解民众的需求、诉求、意见等,从中挖掘出一些潜藏的舆情并预测其发展态势,提前介入处置,有效化解负面舆情,以降低社会安全事件发生的风险。

(三)提高社会治理的法治化水平

依法治国是现代政治文明的体现:一方面,法治化的社会治理制度可以提供更多的确定性,不会因某个人的意志而轻易改变,也不会因领导人的改变而改变,有利于保障社会成员权利、提高社会运行效率;另一方面,社会治理相关法律政策的制定比较严谨,能较为充分地考虑到各个方面的利益,使法治化的社会治理有更好的效能。对基层社会治理工作来讲,法治化的价值取向要求基层社会组织的一切社会治理工作都要在法律法规的规范下进行,这有利于提高公安机关执法规范化程度,也有利于基层组织的队伍建设。因此,基层组织在社会治理创新过程中坚持法治化的价值取向有其必要性。

三 基层社会治理创新的路径选择

近年来,各级基层组织均已认识到在面对新形势、新问题时进行社会治理创新的必要性,开展了社会治理创新工作,并取得了不少成果,积累了一定的经验,但同时也存在一定的问题。本文主要从社会治理主体创新、社会治理方式创新、社会治理体制机制创新三个方面阐述社会管理创新的路径选择及其重点内容。

(一)社会管理主体创新

政府部门是社会治理最重要的部门,但社会治理的主体不仅仅局限于政府部门,构建一个党、政府、社会组织和人民群众良性互动的治理体系最为科学合理,尤其是基层社会组织在其中的作用不可小觑。对基层社会组织治理工作的主体进行创新,让一些非政府主体参与社会治理工作,发挥其在社会治理中的积极作用。社会治理主体创新的意义在于:一方面,非政府主体形式多样,贴近群众,可以及时满足群众的各个层次需求;另一方面,非政府主体参与基层社会治理可以在一定程度上缓解基层社会组织常常出现的人员不足问题,使现有主体资源运用于更专业的公共安全事务,发挥更大效能。

1. 基层群众自治组织

根据我国现行宪法和有关法律的规定,在城市和农村按居民居住地区设立居民群众自我教育、自我管理、自我服务的基层群众性自治组织,即城市居民委员会(简称居委会)和农村村民委员会(简称村委会)。对于基层社会治理而言,可以让居委会和村委会更多地参与社会治理,把基层社会治理的部分工作有机地融合在基层群众自治组织的自我管理和自我服务之中,发挥基层群众自治组织的自主性和灵活性。例如,可以建议居委会和村委会定期组织防火、防盗等安全防范措施的学习和检查,可以建议居委会和村委会把其管理范围内的流动人口和重点人员管理纳入其日常工作当中,可以发挥居委会和村委会作为自治组织在调节基层利益、化解基层矛盾方面的优势。

2. 社会组织

各国社会组织在其本国参与社会管理方面发挥了积极作用。改革开放以来,我国的社会组织发展也获得了更多的空间和资源,发展速度大大加快,满足了多方面、多层次的群众需求。截至2021年底,全国共有社会组织90.2万个,其中社会团体37.11万个,基金会8877个,民办非企业单位52.19万个。[①] 在我国,社会组织已经成为一支不可忽视的社会力量。在基层的社会治理方面,也可以进行探索,发挥各种社会组织的积极性和创造性,使其参与到基层的社会治理工作中,成为政府进行社会治理的重要帮手。比如,可以在行业内培育、建立行业协会,形成行业自我管理和基层社会组织外部治理

---

① 《2021年民政事业发展统计公报》,民政部网站,https://www.mca.gov.cn/images3.mca.gov.cn/www2017/file/202208/2021mzsyfztjgb.pdf。

相结合的治理模式；可以与各种社会团体、基金会进行沟通，引导其参与基层社会治理工作。

3. 机关、企事业单位

机关、企事业单位也是基层社会治理主体创新的重要方面。基层社会组织可以引导、督促机关、企事业单位做好本单位的防火、防盗、重点人员管理等工作，还可以建立起基层社会组织和企事业单位的联防机制，形成机关、企事业单位对其内部的安全事务与基层社会组织协调配合、齐抓共管的局面，进一步做好机关、企事业单位的安全工作，改善基层社会治理的效果。

4. 社会成员

社会成员也可以创新地成为社会治理的主体。在基层社会治理方面，相关部门可以加强政策、法规的宣传和引导，尤其在涉及社会成员切身利益方面，充分调动社会成员参与社会治理的积极性，提高社会成员的法治意识、安全意识、自救能力，使社会成员有能力及时消除身边的一些不安全因素，遇到危险时有能力进行自我救助，发挥社会成员在基层社会治理中的作用，最终形成"社会治理人人参与、和谐社会人人共享"的良好局面。

除了以上几种社会治理主体创新，基层社会治理部门还可以探索让其他非政府主体参与社会治理工作，最终形成"多元主体参与、有效互动运行"的社会治理格局。

（二）社会治理方式创新

社会治理方式是社会治理主体进行社会治理的具体手段。"工欲善其事，必先利其器。"社会治理方式的创新是基层社会治理创新的重要途径，也是最直接最有效的社会治理创新路径。

1. 信息化应用方式创新

近年来，大数据助力社会治理现代化在多个方面发挥着重要作用。大数据已成为基层社会组织在突发事件预警和应急处置时的重要工具，同时更为特殊人群价值实现与身份识别提供了新路径，在实现就业供需精准匹配，社会稳定方面提供助力。此外,大数据还有助于促进医疗与教育资源共享,缩小城乡鸿沟。

2. 互联网管理方式创新

近年来,互联网在中国的应用发展迅猛,中国互联网络信息中心(CNNIC)发布的报告显示,截至 2022 年 12 月,中国网民规模达 10.67 亿人。互联网给群众的生活带来极大方便的同时,也对社会治理工作提出了新的挑战。基层的社会治理创新需要针对互联网发展和运用中显现的问题,用法律、行政、经济等手段,不断创新治理方式,形成多种方式管理、多个部门管理的综合管理格局,切实提高维护互联网安全的能力。具体而言,首先,要创新技术手段,加强对互联网信息的管理,对各种互联网信息做到及时监控;其次,要重视网络舆情,对网络热点事件要正确引导舆论,防止事态恶化;最后,要做好互联网运营商的管理工作,有效防止虚假和有害信息的传播。

3. 社会组织引导与管理方式创新

进入新时代以来,我国的社会组织在政治、经济、文化、教育、科技等各个领域发挥了独特而且重要的作用,与此同时,政府在对社会组织的管理方面也存在登记制度不完备和日常监管不到位的问题。因此,立足国家安全和社会稳定,加强对基层社会组织的引导和管理,使其能更加积极地参与有利于社会和谐稳定的社会管理和社会服务中。另外,基层社会组织还应积极主动与外事、统战、民族、宗教、民政等部门沟通和配合,健全相关法律规范,提高对社会组织的引导和管理水平。

4. 服务工作方式创新

在基层社会管理创新中,要把握好管理和服务的关系。社会治理的根本目的是更好地满足社会成员的需求,而优质的管理服务是社会成员的需求之一。因此,基层社会组织要把管理寓于服务之中,实现管理与服务的有机统一,有效提升服务水平,同时,优质的服务对和谐社会关系也有积极作用。各地基层社会组织在社会治理服务工作方式上也有不少突破,简化办事流程、实现网上办公、设立咨询服务热线、免费发布公安手机报等都是很好的创新和优化基层社会治理服务的方式。根据教育部数据，截至 2022 年 7 月，国家 24365 大学生就业服务平台已与 32 个省区市、729 所高校和 11 家社会招聘机构实现互联共享，累计提供岗位 1124 万个。从抽样调查数据来看，有 31.6% 的毕业生通过国家 24365 大学生就业服务平台实现就业。[①]

(三) 社会治理体制机制创新

基层社会治理体制是指基层社会组织在开展治理过程中的组织结构，基层社会治理机制是指基层组织在社会治理的运行模式。治理体制的创新必然带来治理机制的更新，治理机制的创新也常常伴随着治理体制的变化，社会治理体制机制创新相比于社会治理主体创新和社会治理方式创新更为全面和彻底。从目前的基层工作来看，基层社会治理体制机制的创新主要体现但不限于以下几个方面。

1. 工作体制机制创新

基层是社会稳定的基础，也是社会治理的重点。目前，基层社会组织"人往基层走、物往基层流"的趋势较为明显，各地根据实际情况设立社区工作室，充实基层社会组织人员等正是人力资源合理化配置的体现。

2. 社会矛盾化解机制创新

随着经济社会的深度发展，社会结构的变迁，社会处于矛盾凸显期。社会矛盾化解是基层社会组织维护社会稳定的重要基础性工作。真正的社会稳定不是忽视社会矛盾而形成刚性稳定；相反，只有在不断地解决好社会矛盾，认真对待民众利益诉求的基础上才有真正的社会稳定。关于基层社会组织的社会矛盾化解机制创新，应从以下四方面入手：首先，基层社会组织应该变被动为主动，通过各种途径获取社会矛盾信息，协调各个部门化解社会矛盾。其次，应当畅通民众利益表达渠道，使得民众的矛盾有处表达、有处解决。

[①] 《单学刚：创新数据应用助力社会治理现代化》，人民网，http://media.people.com.cn/n1/2023/0423/c14677-32671612.html。

再次，应当协调各个部门，形成社会矛盾"一站式解决、一竿子到底"的机制，提高化解社会矛盾的效率。最后，应当把基层社会组织的社会矛盾化解机制与人民调解组织和司法调解组织有效对接，进一步完善"大调解"机制。

3. 突发性事件应急管理机制创新

突发性事件的应急管理是社会治理的组成部分。在基层社会治理体制机制创新中，突发事件的应急管理机制创新是其中一个重要方面。突发性事件应急管理涉及基层社会组织的多个部门，因此，要建立完备的突发性事件的应急管理机制。首先，要制定突发性事件应急管理预案，充分考虑到突发性事件的可能危害和应对措施。其次，要完善应急指挥系统，在突发性事件发生时能保证迅速、有效地组织各个部门进行应急管理。再次，要明确应急管理责任分工，确保基层社会组织的应急管理人员工作的有序性和有效性。最后，要定期开展突发性事件的应急管理实战演练，提高基层社会组织的整体应急管理能力。

4. 社会治理监督机制创新

有效的监督机制有利于保障基层社会治理工作的质量，在新时代背景下，社会治理的监督机制也必须不断创新，其中，通过智能化的手段加强社会治理监督创新是一条重要途径。在基层社会组织内部监督方面，网上监督在各地监督检查部门的运用对促进基层社会组织治理工作的规范化建设起到了重要作用。网上督察主要依托网络资源，建立包括视频、语音、卫星定位等内容的监督平台，对基层社会组织的治理工作进行全面、动态、实时的监督，有效弥补了传统的现场督察方式的不足。在群众对基层社会治理工作的监督方面，基层社会组织可以充分利用互联网，通过建设网络政务评价系统、建立 QQ 政务监督平台等方式拓宽群众监督基层社会治理工作的渠道。

四 基层社会治理创新应注重长效机制建设

社会在不断地变化发展，社会治理创新不是一劳永逸的，社会治理工作需要不断适应社会的变化进行创新。这也是以人为本、执政为民基本理念的要求。因此,为了保障基层社会治理创新的持续性和社会治理人员创新的积极性,需建立相应的长效机制。具体来说,长效机制的建立可以从以下几个方面着手。

一是设置创新管理机构。 基础社会治理创新的持续进行首先需要设立专门的管理机构,负责组织和协调本单位的社会管理创新工作。该机构的具体职责包括制定本单位社会治理创新工作方案、组织本单位的创新成果考评、负责本单位的创新成果推广应用等。创新管理机构的设立可以推动基层社会治理创新工作的持续进行,也可以保障基层社会治理创新的质量。

二是拓宽创新思路来源渠道。 社会治理涉及社会各个方面利益,应当拓宽社会治理创新的思路来源渠道,广泛听取社会各界对社会治理创新的意见,除了社会管理部门及其人员对社会治理的创新思路以外,还包括群众和专家两方面的思路与建议。基础社会组织可以通过设立社会治理创新热线、设立网上社会治理创新观点收集平台的方式收集和听取群众的思路与建议;可以建立起与专家定期沟通交流的机制,对社会治理中遇到的问题向相关领域的专家进行咨询,获得创新思路。

三是建立创新成果考评机制。 社会治理创新的各项成果之间也有质量上的差别、应用效果的好坏,因此,需要建立起完善的创新成果考评机制,包括创新成果评价标准、创新成果考评程序等内容。以科学的态度对待创新成果,客观、公平对社会治理创新成果作出评价,让真正有效的、高质量的社会治理创新成果脱颖而出。创新成果考评机制的建立可以保护相关人员创新的积极性,也保障社会治理创新成果的质量。

四是建立奖励激励机制。 社会治理创新奖励激励机制是保障社会治理创新持续性和社会治理人员创新积极性的有效途径。激励机制的设立可以从物质奖励激励、精神奖励激励、升迁激励三个方面考虑。激励相关人员按照有利于社会治理与社会稳定的标准,对社会治理新主体、新方式、新机制等进行探索,推动社会治理创新工作持续进行,保证基层社会治理水平不断提高。

五是推广和应用创新成果。 对于社会治理创新的成果,如不能及时、广泛地运用到基层社会管理工作实践中,势必会影响创新者继续进行创新的积极性,也会影响其他人员进行社会治理创新探索的热情。因此,对于考评效果较好的创新成果,治理机构应积极组织创新成果的推广和应用,在提高基层社会治理效果的同时,让创新者感受到其价值所在。

固本木必长,浚源流必远。基层是社会治理的深厚基础和重要支撑。构建基层社会治理新格局,是加强和创新基层社会治理的长远之计和固本之策,开辟了新时代"中国之治"新境界。

国家安全治理的理论构建

杨华锋*

在传统意义上,安全问题是国际关系、国际政治研究的范畴。不过时至今日,世界正处于百年未有之大变局,国家安全事务面临的不稳定性、不确定性日益突出,且因中国处于新的历史方位,安全的内涵和外延也发生着深刻变化。于是"安全"也越来越多地进入政治学、公共管理学的研究视野。从有效治理的视角来看,"安全"俨然已成为衡量与判断公共事务治理绩效的价值标尺之一。

《中共中央关于党的百年奋斗重大成就和历史经验的决议》指出:"进入新时代,我国面临更为严峻的国家安全形势,外部压力前所未有,传统安全威胁和非传统安全威胁相互交织,'黑天鹅'、'灰犀牛'事件时有发生。同形势任务要求相比,我国维护国家安全能力不足,应对各种重大风险能力不强,维护国家安全的统筹协调机制不健全。"我们面临的安全形势、安全态势日益严峻,国家安全问题日益呈现出"棘手问题"特征,"国家安全事件凸显不确定性与复杂性"[①]。由此,国家安全事务呈现不确定性、复杂性、威胁性与紧迫性等全景式、广域式的情境特征。不确定性指安全事件的发生往往难以监测,

---

* 作者系国家关系学院公共管理系主任、教授。本文曾刊发于《国际安全研究》2022年第6期。
① 范维澄、翁文国、吴刚等:《国家安全管理中的基础科学问题》,《中国科学基金》2015年第6期。

演化过程不明确,无法通过先验知识进行判断;① 复杂性指国家安全事件往往涉及错综复杂的次生事件和关联事件,各事件相互交织,形成复杂链式效应;威胁性指国家安全事件严重威胁国家的安全和人民的生活,影响广泛深远;紧迫性指管理部门在面临危机时,需在有限时间和资源下,作出合理应对决策以减缓危机。②

因此,我们才会说当前"国家安全内涵和外延比历史上任何时候都要丰富,时空领域比历史上任何时候都要宽广,内外因素比历史上任何时候都要复杂"③。在此情境下,既有治理体系在应对安全风险时所呈现的安全能力供给是不充分、不平衡的,治理能力亟待健全完善,其首要任务便是厘清治理对象、治理行动者构成以及不同安全事务的治理方式与方法,继而有的放矢、精准且持续地推进安全治理体系与治理能力的现代化。

一 模型构建的理论基点

探讨国家安全治理体系与治理能力的现代化离不开两项基本维度的回顾,一是治理理论的发展与回顾;二是国家安全议题设定的讨论,即在安全内涵与外延持续变化的过程中,回顾与检视安全化理论的现实性。

(一)治理发展中的"协同"

治理理念的滥觞和发展与 20 世纪 80 年代新自由主义的盛行、经济全球化的发展、政府失灵的持续以及公民社会的发展有极大关系。1989 年,世界银行在概括当时非洲的情形时,首次使用"治理危机"(crisis in governance)

---

① 薛澜、钟开斌:《突发公共事件分类、分级与分期:应急体制的管理基础》,《中国行政管理》2005 年第 2 期。
② 王施运、李白杨、白云等:《面向国家安全场景的态势感知与分析方法研究》,《情报理论与实践》2021 年第 7 期。
③ 《习近平:坚持总体国家安全观 走中国特色国家安全道路》,人民网,http://jhsjk.people.cn/article/24899781。

一词。自此,"治理"开始广泛应用于政治学研究中,特别是被用来描述发展中国家的政治状况。在治理理念和实践不断发展的过程中,我们看到治理可以弥补国家和市场在调控和协调公共事务管理中的不足,可以有效补充因政府失灵、市场失灵而出现的秩序真空。但治理也非万能,其自身也存在诸多局限,受制于公民社会的发展程度、公共事务的复杂程度以及社会问题的规模等因素,也存在治理失灵的情况。在反思与追问治理失灵的讨论中,各种新概念,如"元治理""整体性治理""合作治理""良好治理""善治"等不断出现。其中,"善治"在治理体系中的应用与讨论较为广泛。一般而言,"善治"是指公共利益最大化的社会治理过程,其本质是政府与社会对公共事务的合作治理,也即官民协同共治。

从良好治理目标来看,善治起源非常悠久,历史告诉我们,帝国的毁灭、国家的解体、政权的消失都因治理不善。因此,善治是维持国家控制的关键能力,善治意味着对大众有益的决策,使人们感到安全、并有参与感。[①] 可以说,安全与善治具有天然的联系。善治作为官民协同共治的治理形式,存在国家权力向社会权力回归、政府向民众放权的价值倾向,理论探究中倾向于和协同治理研究汇流。协同治理的兴起缘于诸多因素,但有两个长期存在的且比较典型的源头。一是"棘手问题"不断出现,二是随着公共事务的数量和复杂性增加,治理环境变得越来越复杂。此二者正契合国家安全事务治理情境的变化。"棘手问题"是动态的、复杂的,既没有明确的定义,也鲜有明确解决方案,往往涉及多个组织中的多个利益相关者,因而单一组织无法单独解决"棘手问题",在治理理论发展与应用过程中,激励着协同治理的问世。有代表性的定义有以下两种:柯克·爱默生(Kirk Emerson)等认为,协同治理是一种公共政策决策、管理的过程和结构,使人们建设性地跨越公共机构、政府等级以及公共、私人与市政领域的边界,以实现其他方式无法

---

① Razia Musarrat et al., "National Security and Good Governance: Dynamics and Challenges," *Journal of Public Administration and Governance*, 2013, Vol. 3, No. 1, p. 179.

达到的公共目标;① 克里斯·安塞尔（Chris Ansell）等认为，协同治理是一种治理安排，指一个或多个公共机构直接与非政府利益攸关方进行正式的、共识导向的和协商的集体决策，旨在制定或执行公共政策，或是管理公共项目或资产。② 不论是哪种界定，作为公共行政和管理的理论与实践框架，协同治理已成为无数跨界、多元组织治理的统称，其不仅是对情境的回应，也刺激着治理实践巨大的创新。③ 通过强调多部门协作、利益相关者参与以及政策规划、谈判和实施中的公众参与，取代自上而下、命令和控制管理的技术官僚模式。由此，协同治理本质上是治理行动者网络的协调行动和合作安排。其致力于创设与促进跨层级、跨领域与跨边界的政府间合作、部门合作以及公私合作的治理实践，以协调与合作水平的提升，实现公共利益最大化。其行动者网络包括政府部门与非政府部门的"行动协同"、政府内部不同层级间的"行政协调"以及同一层级间的"部门合作"。这些行动者通过组织、参与、对话、协商和信息分享等方式，或主持或参与公共事务治理过程，进而通过行政机制、市场机制与社会机制的综合，建构出适应不同地域、不同领域和不同时间段里的激励与约束机制，实现协同共治目标。

从国家安全的总体性特征出发，其治理实践具有"协同"需求的偏好，将治理理论引入国家安全领域，在理论与实践的互动发展中具有必然性。借鉴系统科学控制论中的阿什比定律，即控制系统的"必要多样性"，治理也适用"必要的多样性法则"，即，为了确保一个选定的制度在特定时间段内有其具体价值并能抵抗环境动荡，管理者或校准者必须能够制定出多套应对措施，因为环境的改变会严重影响制度的有效性。④ 国家安全日益严峻的复杂性与不

---

① 柯克·爱默生等：《协同治理：一个综合分析框架》，载王浦劬、臧雷振编译《治理理论与实践：经典议题研究新解》，中央编译出版社 2017 版，第 304 页。
② 克里斯·安塞尔等：《协同治理：理论与实践》，载王浦劬、臧雷振编译《治理理论与实践：经典议题研究新解》，中央编译出版社 2017 版，第 332 页。
③ Kirk Emerson, Tina Nabatchi, *Collaborative Governance Regimes*, Washington, D. C.: Georgetown University Press, 2015, pp. 6—8.
④ 鲍勃·杰索普、程浩：《治理与元治理：必要的反思性、必要的多样性和必要的反讽性》，《国外理论动态》2014 年第 5 期。

确定性需要跨领域、跨部门、跨层级的协同治理,通过多元化的主体协同,凭借多样化的方式方法实现有效治理。另外,随着新技术革命的发展、"数智时代"的到来,"不仅带来了文明要素、文明结构、文明形态的大变革,人类自身的性质和演化也将出现前所未有的大转折"①。同时,"人工智能的进一步升级也可能产生在智力等方面全面凌驾于人类的超级智能,从而使人类平添了被支配、奴役甚至消灭的风险"②。由此,数智社会下国家安全议题的复杂性与不确定性成为研究者的共识,对传统安全治理方式、治理模式与治理体系产生极大不信任,越来越多地将良善治理的预期寄望于治理变革与创新,表现为由单一治理主体向多元治理主体转变、强制治理向综合治理转变、行政治理向法治治理转变以及封闭治理向开放治理转变。③ 特别是随着总体国家安全观的提出,安全事务的整体性、综合性、系统性以及跨界性与相互转化对实务部门的综合领导能力、协同治理能力以及协作管理能力均提出越来越高的要求。任何一项安全事务很难仅由一类组织或某个组织所控制,不同层级间、不同部门间,乃至政府与社会间的协调与合作已逐渐成为有效治理的必由之路。而将"国家安全贯穿到党和国家工作全局各方面、各环节,绝非某一领域、单一部门的职责,强调打总体战,形成汇聚党政军民学各战线各方面各层级的强大合力,全社会全政府全体系全手段应对重大国家安全风险挑战"④。国家安全不再只是国家安全机关的职责,而是全体系、全领域、全方位的总体性工作,各领域的工作都要为维护和塑造国家安全提供必要的支持,形成全面动员、综合协调、科学统筹的总体性安全治理格局。由此可见,在治理现代化的话语体系中,"协同"事实上已成为理论界与实务界的行动共识。

---

① 王海明:《数智时代的正义:复杂性及其当代旨归》,《浙江社会科学》2022 年第 1 期。
② 韩水法:《人工智能时代的人文主义》,《中国社会科学》2019 年第 6 期。
③ 李文良:《新时代中国国家安全治理模式转型研究》,《国际安全研究》2019 年第 3 期。
④ 陈文清:《牢固树立和践行总体国家安全观 谱写新时代国家安全新篇章》,《中国信息安全》2022 年第 4 期。

(二）安全事务的总体性：安全化的意义

准确地说，安全是一种特殊政治，具有超越一般政治规则和程序的特殊性。理论界对"安全"的关注与讨论，在相当长的历史时期内集中在国际关系与国际政治的研究视野中，安全是其最基本的概念，其与国家权力和利益紧密相连。传统的安全研究大多关涉政治、军事、国防与外交。"冷战"结束后，传统安全威胁减小，非传统安全威胁增多，安全的内涵与外延开始扩展。"安全化"意味着"一个问题作为最高优先权被提出来，这样一来将它贴上安全标签，一个施动者就可以要求一种权利，以便通过非常措施应对威胁"[①]。安全化具有将特定议题优先考量并具有议程便利的能力，本质是把公共问题通过政治化途径上升为国家安全问题。其有助于人们摆脱对安全决策的简单化认识，并把它放在一个复杂的政治社会背景下去理解。就其演变过程来说，安全化是公共问题从非政治化到政治化，再从政治化到超政治化的过程。在此过程中，安全议题往往也就不同程度上呈现安全性、安全感和安全化的交互特性。

诚然，在看到"安全化"理论对国家安全治理理论构建的积极意义的同时，也要注意其应用于国家安全领域时的缺憾与不足。一是安全化理论笼统地分析了安全化的基本过程，没有为具体实践提供可操作路径；二是在安全化理论中，安全只是一个消极的符号，而谁来实施安全化和谁能够达成安全化一直是个问题；三是对安全化"他者"的可能风险缺乏足够重视等。也有学者从概念梳理角度出发，对安全化提出质疑，主张安全化与安全一样，是多义的。一种含义是把原本不在安全议程范围内的事情纳入安全范围或作为安全问题进行讨论，即"安全议程化"；另一种含义是由不安全变得安全的客观过程，即"安全化"[②]。在笔者看来，"安全化"在当下的意义，恐怕不在于

[①] 巴里·布赞、奥利·维夫等：《新安全论》，朱宁译，浙江人民出版社2003年版，第36页。
[②] 刘跃进：《"安全化"还是"安全议程化"》，《山西师大学报》（社会科学版）2019年第5期。

哥本哈根学派理论观念正确与否，也不在于到底是安全议程化还是安全化的辩论，而在于理解当前国家安全治理时的适用性。特别是在总体国家安全观的视野下，很多社会问题本身处于"沉默"或"静默"状态，造成安全缺位，安全化推进了沉默安全"发声"的主动进程。

（三）国家安全治理中的"安全化"

"安全化"与"去安全化"在国家安全的有效治理上表现为应急治理与常态治理的区别。国家安全治理中，国家与政府是当然之主体，安全化的过程也表现为权力的让渡与增进。安全化的行为对政府而言，是行政干预广度与深度的扩大，本质上是对自发社会力量的替代。就社会需求而言，政府治理本质上是个技术性问题，其核心在于塑造公共生活秩序及其管理的技术路径。"当公共生活出现困难、冲突和危机时，大众就会倾向于求助国家（政府）的即刻干预，凭借其巨大无比、不可抗拒的手段直接加以解决。"① 这就是紧急状态下，政府行为宽容度高的根本原因，安全化也是借此而行。因为"拥有单一议题的权力是缺乏流动性的，通过这种权力所能换取的是非常有限的，而拥有多种议题的权力则是可以互换的并且也能够在几种可供选择的方式中进行运用"②。将非安全问题安全化，是最便捷、最有效而又合法的权力增进渠道。安全化的行动逻辑遵循"非政治化-政治化-安全化"的谱系（参见表 2-1）。由此，安全化往往被视为一种极端政治化，一旦纳入"安全化"题域，也就意味着公共事务议题进入了某种"紧急状态"，其政策议程具有应激性，即因应某些紧急因素或刺激性因素而作出适时的回应，这种回应在表现上具有应激性，在操作上具有应急性。此时，安全化倾向于催生享有优势权力地位的行动者主导治理过程，即政府在此过程中占据主导地位，并实施紧急措施。这与协同治理的序参数构想，以及协同发生的动力机制亦存在一定

---

① 奥尔特加·加塞特：《大众的反叛》，刘训练、佟德志译，吉林人民出版社 2011 年版，第 102—103 页。
② 史蒂文·卢克斯：《权力：一种激进的观点》，彭斌译，江苏人民出版社 2008 年版，第 68 页。

程度的耦合，即均有赖于政府组织在治理体系中扮演主导型、引导型角色。

表 2-1 "安全化"理论的演化逻辑

	非政治化	政治化	安全化
风险特征	区域与局部 科学与技术 行业与伦理	扩散性、可控性 常态与动态性	突发性、应急性 感知差异 不确定性与复杂性
议题领域	非公共领域	公共领域	公共领域、私领域、 日常生活领域
管理偏好	企业自律	政府常规监管	应急响应
政策期待	自由发展	政策支持	政策支持、政策塑造、 引导政策

回顾国家安全内涵与外延的讨论，长期以来存在安全的"客观状态说""主观能力说""主观感知说"等话语偏好，不同的排列组合形成三种典型观点。一是安全"状态"说。"国家安全就是国家处于没有危险的客观状态，也就是国家既没有外部的威胁和侵害，又没有内部的混乱和失序的客观状态。"[①]二是安全"状态-感知"说。国家安全是"由客观存在的生存状态和利益关系与反映这种客观存在的主观感受的有机统一体所形成的结构，是国家间、国家与国际社会为谋求自身生存、免受威胁而形成的互动关系，其本质是国家生存利益的调试，是一种特定国际政治范畴"[②]。此说法呈现"状态-感知"说的取向，但又把其限定于国际政治领域。三是安全"状态-能力"说。某一行为主体"没有危险、不受威胁"的状态只是单方面的安全，只能称作"半安全"或"准安全"，必须要加上该行为主体"免除危险、威胁"的能力，即当出现危险或威胁的状态时，行为主体可以运用自己免除危险、威胁的能力来维持自身的安全，从而达到安全的状态。此观点主张将国家安全界定为状态和能力

[①] 刘跃进：《论国家安全的基本含义及其产生和发展》，《华北电力大学学报》（社会科学版）2001年第4期。

[②] 何贻纶：《国家安全观刍议》，《政治学研究》2004年第3期。

的结合，即一个国家免受各种干扰、侵蚀、威胁和颠覆的状态和能力。①

进一步来说，从治理的实践性出发，国家安全内涵与外延注定是动态发展的。1993年《中华人民共和国国家安全法》未明文界定国家安全是什么，采取默认法则，意在规范与收敛国家安全机关权责内容，是对"状态"说与"状态-能力"说的行政反馈。2015年《中华人民共和国国家安全法》第二条明确规定"国家安全是指国家政权、主权、统一和领土完整、人民福祉、经济社会可持续发展和国家其他重大利益相对处于没有危险和不受内外威胁的状态，以及保障持续安全状态的能力"。该条款中"相对处于没有危险和不受内外威胁"既体现了"状态"说的价值观，也嵌入了"感知"的主观评价体系。其一，"状态"的界定本身是一种主观判断与评价结果；其二，"相对"的描述指出安全存在主体间、时空间、议题间的差异，不存在绝对的安全，相对性的评价是主观性之体现；其三，"保障持续安全状态的能力"亦对"能力"说给予充分关注。是以，新时代下国家安全的概念界定呈现"状态-感知-能力"说的整体性偏好。由此出发，理解与讨论国家安全便有三个基本向度，分别是针对状态的"安全"、针对感知的"安全感"和针对行动能力的"安全化"（参见表2-2）。安全即没有危险、不受威胁的客观状态，安全感即没有感知到威胁、危险的主观感受，安全化即在安全的维度下或视角中理解、解释与解决问题。

表2-2 国家安全治理体系中的"安全化"表征

向度	主题	维度	内容	特征	治理要素
安全	客观状态	情境	危险、威胁的交汇、演变、转化	总体性	治理对象
安全感	主观感知	意识	风险识别、危险感知、价值共享	人民性	行动者网络
安全化	行动安排	行动	政策网络、应急管理、协同治理	协同性	治理方式

① 李文良：《国家安全管理学》，吉林大学出版社2014年版，第2页。

由此，国家安全治理经历从安全到安全感、再到安全化的过程。其中，安全感的强度、烈度决定着安全化的进程。在"安全"向度下，重点关注与讨论的是安全的态势、情势，指涉威胁、危险的发生、发展与演变，在维度结构上集中表现为总体性、整体性、系统性的情境特征——在国家安全治理体系中，是治理的对象；在"安全感"向度下，其关涉的主要是行动者的主观感受、感知、评价，涉及对风险、威胁的个体观感、个体评估、群体评价，以及对安全观念、安全理念或安全价值的分享与共享等内容——在国家安全治理体系中，集中呈现"人民至上"的意识维度；在"安全化"向度下，重点关注与讨论有效治理的方式、方法，在治理过程中集中于对政策网络的构建、应急响应机制的建立与完善，以及治理协同性的提升等方面。

另外，安全问题是社会普遍性问题，在政治经济社会生活中，既有个人安全、群体安全，也有组织安全、国家安全，哪些行为主体的安全体验、安全评价会成为国家安全关切的对象，也就意味着哪些问题具有进入安全政策议程的优先序。诚然，个人、群体、组织或政府/国家，这样的行为体划分是一种理想的状态，也是一种简化思维，个人、群体或非政府组织的安全在特定情境与条件下也具备转变为国家安全议题的潜力，也是国家安全治理潜在的治理对象或行为参与者。治理实践中，突发事件的风险处置是建构常态管理的必经环节，但不能以因应紧急管理与非常态化管理的权力便利来主动推进安全化并长期利用安全化带来的便捷，而是要审慎地看待安全问题，在安全化的过程中也要逐渐实现"去安全化"的常态化。为回应新时代安全治理的需要与安全供给能力的塑造，笔者参考哥本哈根学派所主张的安全意味着"客观上无威胁""主观上无恐惧""主体间无冲突"，认为国家安全应囊括"客观上无威胁""主观上无恐惧""保障上有能力"。由此，客观状态、主观感知和治理能力也就渐次呈现"情境-意识-行动"的分析框架。

二 "情境-意识-行动"的框架模型

承上所述，安全、安全感和安全化构成了理解国家安全的基本向度，以此为基础，国家安全治理的理论体系可基于"情境-意识-行动"的分析框架予以建构（参见图2-2）。其中，"情境"主要锚定国家安全的各种生态要素、政策议题及国际国内治理环境，构成国家安全治理体系的环境系统；"意识"主要意指治理主体或行动者网络对安全议题的情境感知、意识自觉，并逐渐交互形成的观念体系，构成治理体系中的主体意识与价值观念；"行动"则主要指的是国家治理体系中的具体制度安排、政策行动及其他具体安全治理过程，是对意识的呈现、对情境的反馈。三者构成了国家安全治理体系的循环系统。

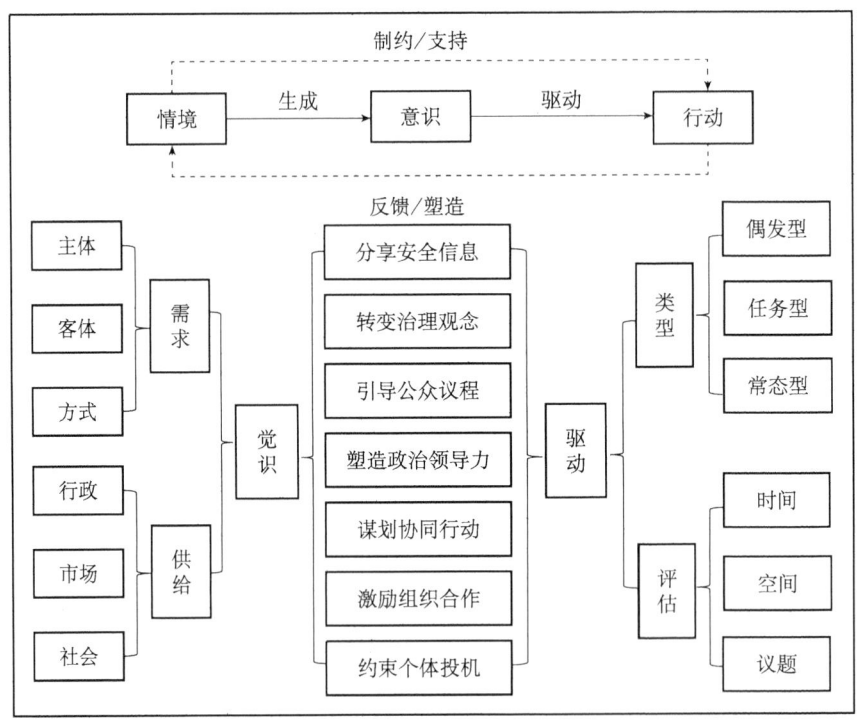

图2-2 "情境-意识-行动"的理论框架

（一）"情境-意识-行动"三者的交互建构

简要地说，由安全的客观状态所建构的"情境"生成治理体系中的"意识"观念、理念，并在该意识引导、驱使下作出具体行动安排、实施行动；作为安全化过程的行动端在受制于意识所诱致、规约的情况下，也反馈和塑造着安全客观状态的情境，即情境本身也存在一个社会建构的预设情境；与之相对应，情境本身也对可能性的政策方案、治理行为构成制约或支持，也就是说情境是意识形成与行动发生的生态系统。当然，在该系统内部，意识与情境、行动与意识也均存在反向反馈互动的逻辑链条，只是这种反馈往往融进了行动的反馈过程，故而无须重复强调。正如行动对情境具有反馈性建构一样，其行动过程首先是情境与意识的互动，行动者网络的意识结构、意识体系与意识形态决定着客观情境的"认知"状况。所谓的"客观"是寄生于"主观"意识认知体系之下的，由此才会产生对安全情境的"感知"问题。否则，意识体系无法进行有效认知，也就成了"无意识"，交互建构无从谈起。因此，在"情境-意识"环节有两项论断：一是既有的观念、理念、意识结构决定着行为体对情境的认知水平、能力和方式；二是在不同的时间、空间和议题之下，由于受前者影响，行动者所感知到的"情境"内容又决定着他们的"意识"内容。

齐格蒙特·鲍曼（Zygmunt Bauman）在阐述当代世界各个国家"从社会国家转变为安全国家"时说，社会国家是欧洲民主历史长河的最高成就，社会国家将其合法性，以及公民效忠国家、服从国家的合理性，建立在以下承诺上：保护自己的公民，保护他们不被裁员、不被排斥、不被拒绝，帮助他们对抗命运的冲击，不因个人不足或不幸而沦为"过剩人口"。然而令人遗憾的是，现在的国家无法兑现社会国家的承诺，政治家也不再热衷于重复这个承诺。相反，他们的政策预示着一种更不稳定的、充满风险的生活。[①] 于是，"被包围的城堡"的"情境"就被培养出来，个人身心安全和私人财产无时不处于威胁之中的心态、不安全感蔓延。无形的不可预测的威胁，就可以作为一个非常事件展现在惊慌失措的公众面前，当然更重要的是让他们认识到国家机关拥有应对这些威胁的卓越能力、警惕性和良好意愿。[②] 在这种情境下，社会意识的转变以及对集权行为的接受度大大提高，于是政府增加安全支出、

[①] 齐格蒙特·鲍曼：《工作、消费主义和新穷人》，郭楠译，上海社会科学院出版社2021年版，第138页。

[②] 齐格蒙特·鲍曼：《工作、消费主义和新穷人》，郭楠译，上海社会科学院出版社2021年版，第139页。

应用监控设备、扩大监控范围,实施更加频繁的安全检查、采取更多先发制人的打击行为,就有了名正言顺的理由与合法性。尽管它早期可能仍以一种权宜之计呈现在人们面前,以"权宜"塑造情境、获取支持和服从。

(二)"情境"端的子系统由需求与供给构成

在需求侧,治理对象的复杂性、不确定性,需要治理系统给予相应反馈,治理主体对压力释放与拆解的需求以及治理客体对治理绩效的期待等,都对安全供给提出明确诉求。行为主体的安全诉求和安全需求在一般意义上也符合马斯洛需求层次理论所框定之内容,但个体需求往往不是线性的,是非线性的,行为主体在安全需求上往往呈现多元性、多样化、多层次性;就安全需求的内容而言,也随着"时间-空间-议题"的变化,发生重大变化,过去可能驻足于传统安全,如今则是在系统性、整体性与总体性的安全格局下表达诉求。特别是,国家安全事件的突发性、事件演化过程的复杂性和不确定性、影响结果的威胁性和深远性,要求决策者必须在极短的时间内对其作出快速判断和处置。传统的"预测-应对"型管理方案,较多依赖于经验决策和专家咨询等形式,难以适应高度非常规、复杂化的国家安全事件的应急管理需求。面向国家安全事件的应急管理,需要实现实时、全面的态势感知,构建更有针对性的"情景-应对"型管理模式。[①] 而面向更为复杂的国家安全事件,态势信息广泛分散,数据价值密度极为低下,给国家安全事件的应急响应带来巨大的困难。这就需要基于多源情报,实现对国家安全事件相关态势信息的多源协同感知,进而从多维特征对国家安全事件进行态势分析,形成对国家安全事件的综合态势理解。[②]"预测-应对"型与"情景-应对"型基于信息管理、应急管理的视角,集中关注情境、情景、场景信息的采集与分析,目

[①] 曾大军、曹志冬:《突发事件态势感知与决策支持的大数据解决方案》,《中国应急管理》2013年第11期。

[②] 王施运、李白杨、白云等:《面向国家安全场景的态势感知与分析方法研究》,《情报理论与实践》2021年第7期。

的在于为决策提供参考服务。但这两种思维框架，在治理视角下都是不完整的。

在供给侧，如何满足多样性的需求，适度的多样化是安全供给的应有之义。行政主导下传统治理方式的供给质量与供给效率在新时代面临巨大挑战，亦有其尴尬之处。而市场手段或市场机制在安全供给领域又存在着"市场依附"窘境。表现为政治市场中的人际依附、经济市场中的政商依附，在提升个体或组织所需要的安全产品和服务时，绩效难彰。另外，在社会参与及社会治理方面，尽管构建共建共治共享的社会治理格局一直以来都是治理发展的核心要义，社会组织、社会群体、社区治理虽有较大发展，但囿于安全议题的特殊性与安全化倾向的普遍性，社会权力的生长，在权力互动与博弈的格局中，始终处于滞缓、迟缓与被动的尴尬境地。

一言以蔽之，安全领域需求与供给侧的交互建构，供需间的分歧、矛盾、差距及其调适，谱就了"情境"流向"意识"的演化内容。

（三）"意识"端的子系统由觉识与驱动构成

觉识与驱动分别构成意识的形成与意识的能动性，包括知觉、理解、预测、构建和驱动等阶段，决定着国家安全观念、理念的形成与演变轨迹。与之相近、相似的有工程心理学研究领域中的"情境意识"（situation awareness），意指特定的时间和空间内对环境中各种要素的知觉，对其意义的理解及预测它们随后的状态，由知觉、理解和预测构成。诚然，意识不单单是对客观情势的简单反馈，观念的形成往往也与个体的主观生存生活条件及其个体体验密切相关。由此，人们的安全感、安全观、安全思想、安全理论和安全研究等，并不仅仅是客观存在的安全现实的反映，在反映安全现实的同时也反映着安全认识主体即人的主观精神状态，并通过主观精神状态间接反映着认知者本身的社会存在，包括其出生环境、成长环境和现实状态等。[①] 这些意识要素在国家安全治理意识的塑造与应用环节中包括：安全信息的分布分享、安

---

① 刘跃进：《"安全化"还是"安全议程化"》，《山西师大学报》（社会科学版）2019年第5期。

全观念的自觉自治、公众议程走势的引导、政治领导力的塑造、协同感知与协同行动的谋划以及激励与约束机制的设计等方面。另外，就公众安全感知而言，尽管总体国家安全观明确"以人民安全为宗旨"，国家治理体系也明确"坚持以人民为中心"，这些均与公民是国家安全战略的核心理念毫无二致，但是我们不得不承认，公众对安全的感知和认识，其实知之甚少。公众个体能够识别的安全威胁的广度与他们的心理状态、认知水平以及对威胁的认识和其他政治态度相关联，[1] 由此印证着"觉识""驱动"在情境感知与意识形成中所扮演的关键性角色与中枢位置。

（四）"行动"端由协同类型与协同评估构成

协同治理体系的形成受到系统情境的影响，其背景因素包括公共服务与资源禀赋、政策和法律框架、社会经济与文化特征、网络特征、政治动态与权力关系以及冲突历史等。从这些条件中涌现协同的四个驱动因素：不确定性、相互依赖性、前景激励和倡导型领导力。[2] 根据协同发起者的不同，分为自发型、独立召集型和外部指导型。其中外部指导型是初始协同行动能力最高的模式，但参与水平最低，共享动机次之。逻辑上，外部指导型应重点关注如何依靠协同能力激发参与水平，特别是催生共享动机，但国内实践最常强调的依然是政府自身的协同能力建设，然后是依靠激励和授权诱发动机，最后才是参与主体的多元性和互动强度，这显然不利于取长补短。[3] 在实践维度上，综合协同性行动的动力模式、运行特质，可将治理行动的协同性归纳为偶发型、任务型和常态型。其一，偶发型一定程度上具备自组织、自发型

---

[1] Daniel Stevens, Nick Vaughan-Williams, "Citizens and Security Threats: Issues, Perceptions and Consequences beyond the National Frame," *British Journal of Political Science*, 2016, Vol. 46, No. 1, pp. 149—175.

[2] Kirk Emerson, Tina Nabatchi, *Collaborative Governance Regimes*, Washington, D.C.: Georgetown University Press, 2015, p. 45.

[3] 李倩:《情境、动力与类型：绘制协作治理的路线图——评〈协作治理体系〉》,《复旦公共行政评论》2019年第2期。

的特性，但其协同行动多有偶然性、随机性；其二，任务型则在偶发型的基础上有着明确的问题导向、任务导向，不同行动者可能因为特定任务而聚合在一起，又因任务的终结而各自返回原有体系、体制，此时具有任务型组织特性；其三，常态型是治理体系致力塑造与建构的日常模式，不过常态型协同的治理安排在民主效率、紧急适用方面存在先天不足。这就需要进入协同评估的层面，在协同评估的系统中，协同治理在时间、空间与议题三个维度上，对其适用性进行评价，以决定在何时、何地、何议题上发起协同。不可否认，尽管协同性是回应总体性情境，践行人民性意识的最佳载体，但其亦是耗时耗力的过程。政策共识的建立尤其需要时间，统筹协调安排也不能操之过急。如果说补救性地建立信任至关重要，那么增加信任所必需的时间可能会大大延长进程。因此，在需要迅速地作出或实施决策的情况下，协同未必是一个好策略。尽管协同大多不适用于应急处置或突发事件情境，但是我们依然要看到协同对可持续性治理的意义，同时对协同行动的评估评价，也要在长时程里进行综合分析，辩证地看待其边际成本与边际增益。

三 治理假设的叙事逻辑

在"情境-意识-行动"分析框架的基础上，就国家安全治理体系而言，渐成关于何为国家安全问题、何谓治理主体、有何治理方式方法，并由此呈现治理行动者网络中的位置、角色及其运行逻辑假设等议题。

（一）治理对象：安全边界的临界点弹性

安全与风险是一对辩证统一的概念。安全是相对的，风险因素始终存在，没有绝对的安全。国家处于安全状态，不意味着该国家没有受到任何威胁，而是说在面临危险和威胁的情况下，通过自身抵御、减少暴露等途径来降低风险程度直至能够接受的区间，达到风险与安全相对平衡的均衡状态。这种相对均衡也是高效统筹安全与发展关系的集中体现。就治理实践而言，首要任务就是明确治理对象、探讨国家安全的"定义域",即"安全过度临界"与"风险可控临界"的阈值范围。一者,安全是相对的,不存在绝对安全。二者,安全是有成本的,任何对安全的追求都不得不考虑其经济社会成本,成本收益的关系建立在"安全-风险"的差值之中。因而安全需求有弹性,不能不假思索地追求安全的刚性。比如,生物药品的安全追寻要在政府、企业、公共卫生体系和公众健康等诸多行动者网络中觅得相对均衡,要系统分析不同行动者的风险承受力、安全敏感度及安全支付能力,既要避免过度安全带来的"安全过剩"制约医药卫生科技的发展,损害经济社会发展的效能,也要避免安全风险失控,超越"风险可控"边界,诱致公共卫生治理危机。

在公共治理实践中,囿于公共事务属性、权属关系以及时空差异的存在,安全与发展的偏好是存在显著差异的,且二者处于动态转化过程中。在国家安全治理体系中,治理策略的选择与治理方案的执行极大程度地受制于安全与风险的有效识别与精准定位。在图 2-3 的坐标系中,横轴意指安全治理的投入成本,纵轴意指安全治理的收益。假设 P_0 为横坐标即安全治理投入坐标轴上任意取值点,$P_0=P(P,W)$ 为理性状态下的安全与风险均衡点,P_1 为风险可控边界点,P_2 为安全过剩临界点。当 $P_0<P_1$ 时,风险收益即风险带来的安全挑战与冲击,远远大于安全保障所带来的收益,简单说即风险远远大于安全,此时对治理体系而言,安全风险的不确定性与复杂性处于高位,安全治理的需求具有刚性。安全治理体系的韧性、治理资源的禀赋结构、治理能力的效度均存在不同程度的缺憾,安全治理体系与治理能力现代化举步维艰。当 $P_0>P_2$ 时,安全收益远远大于风险带来的损失,安全供给存在过剩特征。安全治理能力凸显,安全供给保障充分,安全治理体系游刃有余,但经济社会存在陷入发展迟缓、活力减退的趋势,发展危机时隐时现。当 $P_1\leqslant P_0<P$ 或 $P<P_0\leqslant P_2$ 时,安全与风险均具有较高弹性。前者风险大于安全,但风险仍在可控范围内。增加安全支出所获得的收益,即降低风险带来的冲击与挑战的收益,高于安全支出的成本,安全治理体系具有持续投入的积极性与动力。此时,安全威胁与危险因素虽然不时闪现,并呈现动态性与变异性,但

对于治理体系而言,安全风险的冲击与可能性破坏力,尚在治理体系所能覆盖与有效应对的范围之内,由此并不存在持续攀升的治理危机,且风险治理过程中也孕育着一些发展机遇。后者安全大于风险,但二者仍处在一个安全成本不断攀升、风险不断下降的良性过程中,此时降低风险所带来的收益已逐渐不能覆盖所支出的成本——尽管此时仍未到达安全过剩临界点。以上二者的取值范围,可谓安全与风险的动态均衡区间,也就是说[P_1, P_2]的范围是安全与风险的动态自调整区间。在该区间,国家安全治理体系具备有效治理风险的能力,对潜在风险具有一定程度的容错率和包容性,只要未持续冲击并突破该阈值范围,可以说安全可期、风险可控。区别在于前者($P_1 \leqslant P_0 < P$)是风险不断攀升期,后者($P < P_0 \leqslant P_2$)为安全过剩警示期。其各自境遇存有不同理性偏好与治理期待,需因势利导,时刻警惕风险发展与安全成本趋势。即使处于动态平衡期,治理体系也应时刻警醒、避免懈怠,毕竟这只是动态演化规律的模拟,现实安全情境与治理的不确定性与复杂性,难以精确锚定。

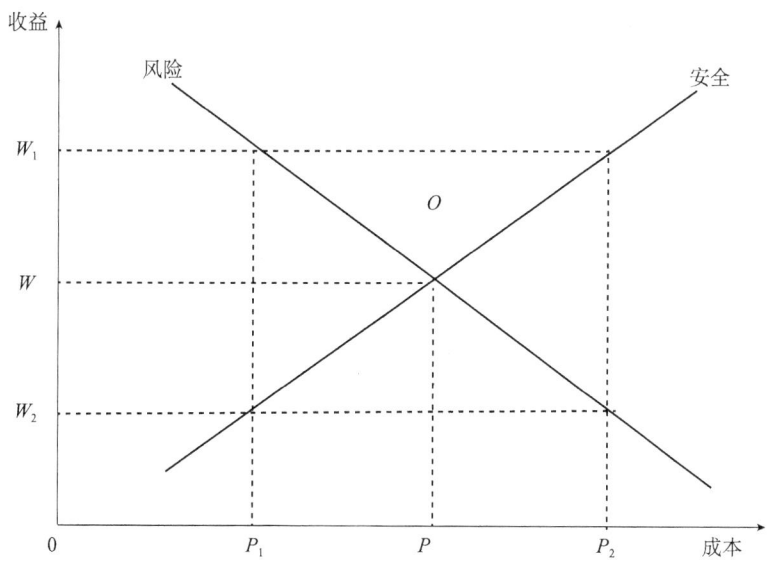

图 2-3 安全治理的投入产出示意图

注:横轴代表安全治理的投入,纵轴代表安全治理的收益。O点为安全治理的动态均衡点,P即均衡态势时的安全治理成本,W即均衡态势时的治理收益。

另外,结合安全化的视角,在安全议题的界定环节,还存在安全界分时的政治化与安全化的双向动态演化。如图2-4所示,横坐标 X 轴数值代表公共事务的政治化水平,纵坐标 Y 轴数值代表公共事务的安全化程度。那么,在初始坐标系中,逆时针自第一象限至第四象限的事务领域大体可概括为:第一象限的"政治安全"、第二象限的"安全事务"、第三象限的"事务性治理"和第四象限的"一般政治议题"。当安全治理能力趋强时,安全需求的迫切性趋弱,此时 X 轴将上移至 X_1,安全化门槛提升,公共事务留给弹性治理、灵活治理或社会治理的空间增大。如,改革开放之后,由于社会主要矛盾的调整以及世界和平与发展趋势的判断,社会议题的安全性让渡于发展性,发展生产力成为第一要务,此时安全治理的弹性与灵活性较之过往有极大改善。反之,当治理能力减弱时,安全化门槛就会降低,X 轴将下移至 X_2,公

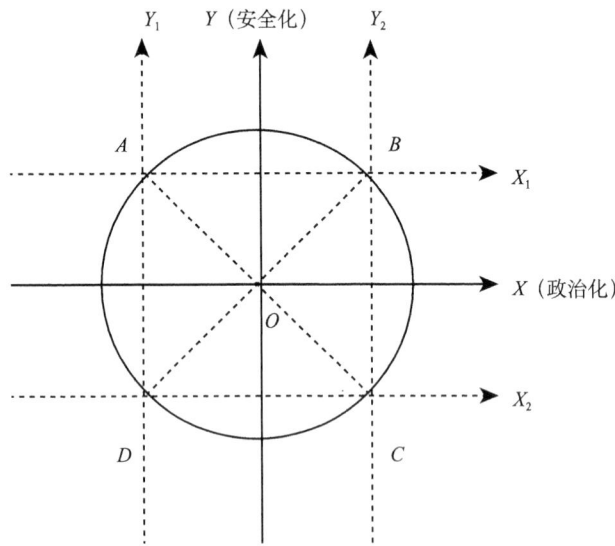

图2-4 政治化与安全化双向临界点弹性示意图

注:X 轴代表公共事务的政治化程度与水平,Y 轴代表公共事务的安全化程度与水平。X 轴移动至 X_1 轴意指公共事务安全化的准入门槛提高,相应的,也意味着公共事务的非安全化空间增大;反之,移至 X_2,安全化门槛降低,安全化程度加深。同理,Y 轴移至 Y_1 轴意指公共事务的政治化门槛降低,意味着公共事务的政治性属性增强;反之,移至 Y_2,政治化门槛提高,公共事务的开放性、灵活性和事务性治理程度增大。其中,A、B、C、D 四点分别为移动后的坐标轴原点,即 A 点为 X_1、Y_1 坐标系的原点,其他同理。

共议题被纳入安全视角审视、治理策略偏好安全化供给的趋势就越明显，此时安全事务在处理议程上的优先权容易造成治理体系的自治空间与灵活性的收缩。当安全威胁不时挑战与冲击市场体系时，经济社会领域将弥漫强烈的不确定预期，交易成本剧增，发展也就让位于安全。当权力体系的开放程度越高，公共事务的政治化倾向便趋弱，那么 Y 轴将右移至 Y_2，事务型治理空间增大；反之，当权力体系趋于封闭，Y 轴将向左移至 Y_1，公共事务和治理议题的政治化程度加深，政治统治的属性趋强。

进一步而言，如图2-3所示，当国家安全与风险均衡点 O 点向 A、B、C、D 四点移动时，其要素水平变化及喻义如下：一是当 O 点移动到 A 点时，意味着国家安全治理能力得到有效提升，安全化的门槛提高，治理体系能够包容不确定性与复杂性的能力有所提升，但囿于权力开放水平所限，议题的政治化程度也有所提升。二是当 O 点移动到 B 点时，意味着政治化与安全化的门槛双双提升，安全议题的政治性、紧迫性趋于弱化，治理的自由裁量空间增大，治理的灵活性、弹性特征明显，对治理实践而言，O 点向 B 点的流动过程是开放系统有效治理的理想状态。正如改革开放的核心不外乎政治化与安全化的松绑，特别是对权力体系开放性的尝试，即行政体系内部自上而下的放权搞活与自内而外的向社会还权的过程，即 O 点向 B 点的运动轨迹。随着政治格局的宽松化，经济社会的政治化程度开始降低，安全治理的临界点弹性开始恢复，公共事务管理改革迅速推开，经济社会领域日渐宽松化。20世纪80年代以来，随着治理水平的提升和权力系统的开放性，地方放权如火如荼，乡镇企业、个体经营、私人企业相继出现，经济迅速恢复并快速发展，可见一斑。三是当 O 点移动到 C 点时，与 A 点相反，安全化门槛降低、政治化门槛提升。事务性治理能力趋弱、安全化趋势加强，政治化水平有所降低，权力体系的开放性有所提升。四是当 O 点移动到 D 点时，与 B 点相左，意味着治理能力与开放水平都有所降低，公共事务的政治化与安全化特征均显著提高，安全治理的政治诉求、安全诉求抬升，治理策略受到政治权力体系的严格规约，弹性较低，原事务性治理内容大多转化为政治安全议题，喻示着安全治理能力与权力开放水平式微。如新中国成立之初，国内通胀高企、灾害严重、一穷二白、百业待兴，国际上政治孤立、经济封锁、军事威胁挑战不断，对国家而言，内忧外患、战争与革命思维充斥其间。潜在的政治安全风险不容低估，政治安全刚性需求强烈，治理弹性较弱。由此，进入安全视野的首要目标是政治秩序的维系与政权稳固，优先考虑政治安全。

表 2-3　安全临界点变化的要素水平

	政治化	安全化	治理能力	开放水平
A	＋	－	＋	－
B	－	－	＋	＋
C	－	＋	－	＋
D	＋	＋	－	－

注："＋""－"分别代指相应要素水平的增加和减少。

步入新时代以来，国家、政府、社会组织和公民个体对安全的需求发生了巨大的变化，涵盖政治、军事、国土、经济、文化、社会、科技、网络、生态、资源、核、海外利益、太空、深海、极地和生物等诸多领域的国家安全体系在治理体系与治理能力现代化的历史进程中，由于行动者网络结构的构成及其行动策略偏好差异，呈现基于行政权力体系、市场权力格局以及社会权力培育等不同维度上的供给秩序与供给方式。其中，政治议题、安全事务、经济问题、社会事务等边界与界限，在现实中发生动态性变化，从决定将安全发展纳入国家发展各领域全过程伊始，可以说这既是对复杂性社会系统的适应性变革，也可以说是对整体性治理的宏观规划与设计，借此以防范与化解国家治理现代化进程中的重大风险。其积极效用在于集中强化了政治统御能力，极大限度地实现了坚持和发展党的全面领导的政治目标，但一定程度上也意味着国家安全议题与国家安全问题存在"泛化"与"转化"的潜在风险。不过从风险建构与感知的角度来看，这种风险并不是"安全"本身的泛化，而是作为安全治理对象，即风险的扩散化，特别是行动者网络对风险范围的理解和感知被放大了。在政治化与安全化的临界点弹性模型中，表现为 O 点不断向 D 点移动的倾向性，强化政治安全保障的同时，弱化了治理体系的自适应性与灵活性，在面对复杂性与不确定性日益高企的治理诉求时，捉襟见肘、进退维谷。质言之，随着安全治理能力的提升以及权力开放水平的提高，政治安全范畴的议题将大幅减少，反之，则大幅提高。

（二）治理主体：安全秩序供给的序列偏好

新中国成立之初，国家安全的主要特点是维护主权安全。毛泽东同志将保卫政权、确保国家独立、维护国家主权和领土完整作为维护国家安全的首要任务，充分利用当时世界格局的特点和主要矛盾，有效维护和改善了国家安全环境。改革开放时期，国家安全的主要特点是维护发展安全。邓小平同志提出，和平与发展是当今世界两大主题，国家安全要为经济建设保驾护航。江泽民同志针对复杂多变的地区环境，提出"互信、互利、平等、协作"的新安全观。胡锦涛同志强调用更广阔视野审视国家安全问题，提出和平发展理念，推动建设持久和平、共同繁荣的和谐世界。这些安全观念和治理意识的脉络谱写着中国国家安全治理的价值体系，构成了国家安全治理行动的初始逻辑与价值原点，同时也形成了不同历史时期安全秩序供给的不同次序，特别是如何统筹安全与发展之间的关系，以及如何统筹传统安全与非传统安全、国内与国际间的联动与演化关系。

2021年11月18日，中共中央政治局审议《国家安全战略（2021—2025年）》明确指出，必须坚持把政治安全放在首要位置，统筹做好政治安全、经济安全、社会安全、科技安全、新型领域安全等重点领域、重点地区、重点方向国家安全工作。结合总体国家安全观"以政治安全是根本"的规范性要求，新时期政治安全依然是治理网络与政策网络最为关切的核心议题。同时，由于安全化本身所带来的主导性与权力增进的事实，在国家安全的需求供给中位居优先位置、呈现主导性、扮演"序参量"[①]的自然是政治安全的维系与

[①] 此处序参量描述源于协同学理论，核心观点是指在系统中存在慢变量与快变量，慢变量往往扮演序参量角色。快变量扮演参量角色，其中慢变量决定快变量的演变与作用发挥，决定着系统的宏观行为表征、系统的有序化程度，是为序参量。在国家安全治理体系中，政府角色、政治行为往往扮演着序参量角色，引导与规制着治理系统的动态演化过程。

塑造。在政治安全,特别是在政权安全、制度安全和意识形态安全维系与塑造的过程中,治理行动主要由各级政府组织与实施,作为"根本"的政治安全并无协商、讨论及议价空间,因此社会参与及公众舆论的声音比较少见。如习近平总书记指出,要把维护国家政治安全,特别是政权安全、制度安全放在第一位。因而,此时的政府意识与行政范式多呈现行政主导型。在此观念影响下,政府行为具有积极性、主动性特征,在统筹安全与发展议题时往往难舍行政本位,在具体事务的治理过程中存在秩序供给或服务供给的序列偏好。因此,在国家安全治理体系中,安全目标的选择与追寻是由占主导地位的政府治理网络所决定的。在"情境-意识-行动"的结构框架中,安全状态、安全感知与治理能力的互动结构,既是理解国家安全的价值维度,也是检视治理体系与治理能力的理性依据。在行政主导型的政府范式之下,人民安全、政治安全与国家利益的三位一体性存在让渡或嵌套于政治安全统摄性的可能性。由此,在治理体系中三者交互比较的权衡过程中,基于政治安全的根本性,而呈现"安全能力＞安全状态"、"安全状态＞安全感知"和"安全能力＞安全感知"的分布格局。于是在安全治理体系中也就有了"能力＞状态＞感知"的安全供给的序列偏好。① 该秩序供给的主体是政府组织,乍看之下,这一序列排序貌似与坚持人民安全为宗旨有所出入,其实不然。在总体国家安全观的意识体系中,人民安全的宗旨性、政治安全的根本性都遵循着国家利益至上的行为准则,三者是统一的而不是分裂的。对安全秩序与服务供给次序的讨论,并非致力于解构三位一体的安全价值体系,意在洞悉具体安全事务治理过程中行动者的理性与行为偏好,以求更有针对性地实现治理观念的转变和公众议程的引导,在特定安全议题的治理中不断塑造与培育良性的政治引导力,激励组织化合作,约束个体机会主义的投机行为,提升治理的协同性,以缓解安全治理情境的总体性压力。

在此序列假设下,可以预测国家安全治理在未来选择行动策略时的两大

---

① 详见杨华锋《人民安全视角下政府供给范式的服务转型》,《国际安全研究》2019年第3期。

路径：一是提升安全治理能力以应对安全状况的复杂性；二是有意识地引导与塑造安全感知，避免因感知紊乱诱致治理失序。这一偏好假设也是政府意识在供给侧的表现。不同的政府意识及其范式结构，对安全事务的理解与秩序的供给存在显著差异。在主导型政府、服务型政府、放任型政府和掠夺型政府的不同范式结构下，治理体系对秩序与安全的目标追求存在差异，从而形成不同的行动者意识，在治理方式方法、治理模式选择和政策制度安排等方面，自然也就有着显著区别。特别是当前国际政治空间收缩、全球经济下行，此时治理体系对政治化与安全化的预期迥异于常态时期，国家安全治理中的双向临界点弹性存在由 O 点向 D 点移动的倾向与动力。此时，对于维护国家安全与提升治理能力而言，适时的议程设置与公众引导就成为有效供给安全秩序的必要手段。"西方政府一直使用市场机制来规范大众的观点和见解，建立于 19 世纪和 20 世纪的'思想市场'有效传播了上层阶级的信仰和观点，同时颠覆了下层阶级的意识形态和文化独立性。"[1] 这种看似自生自发的市场机制，其本身也是一种强制力。事实上也是通过议程的设置与引导，实现公众意识的塑造。就政府行政的起源而言，无法回避其社会控制的目的，为管理社会而制造必要的幻觉自古有之。[2]

党的十九大报告在阐述如何有效维护国家安全时，明确指出："要完善国家安全战略和国家安全政策，坚决维护国家政治安全，统筹推进各项安全工作。健全国家安全体系，加强国家安全法治保障，提高防范和抵御安全风险能力。严密防范和坚决打击各种渗透颠覆破坏活动、暴力恐怖活动、民族分裂活动、宗教极端活动。加强国家安全教育，增强全党全国人民国家安全意识，推动全社会形成维护国家安全的强大合力。"[3] 由此可见，在国家安全能

---

[1] 诺姆·乔姆斯基：《必要的幻觉——民主社会中的思想控制》，王燕译，南京大学出版社 2021 年，第 17 页。

[2] 诺姆·乔姆斯基：《必要的幻觉——民主社会中的思想控制》，王燕译，南京大学出版社 2021 年，第 69 页。

[3] 习近平：《决胜全面建成小康社会 夺取新时代中国特色社会主义伟大胜利——在中国共产党第十九次全国代表大会上的报告》，人民出版社 2017 年版，第 49—50 页。

力建设方面，主要分为两个维度，分别是提高能力和形成合力。其中，完善战略政策、统筹各项工作、健全体系、法治保障等均系提高能力方面内容，而加强教育和增强意识则是形成合力之内容，意在对公民施以教育引导，亦体现出安全治理方略的序列偏好倾向。2018年4月《教育部关于加强大中小学国家安全教育的实施意见》即把国家安全教育纳入国民教育和精神文明建设体系，积极推动国家安全的公益宣传、公民教育，积极引导社会舆论和公众情绪，动员全社会共同努力，以期汇聚维护国家安全的力量、打造国家安全的社会基础，是为例证。

（三）治理行动："情境-意识-行动"中的沙漏模型假设

国家安全治理行动发端于治理对象系统的弹性界定，何种安全情势、安全议题、安全风险能够进入治理视野，既源于"情境-意识-行动"三者的交互建构，也源于特定情境下的政治化与安全化条件。在国家安全治理体系中，情境的建构与风险的识别极大程度地决定着治理主体的意识观念与治理偏好，前文对安全边界的临界点弹性假设的讨论，其目的即在纷繁复杂的各种环境要素之中，厘清安全治理的对象，在动态把握的过程中，实现治理效益的最大化。治理主体的治理意识、治理观念成形之后，哪些事务型议题会进入安全议程，在安全议程体系中又有何优先序列，也就成了治理实践中最为核心的环节，同时也决定着治理行动的具体策略。在此进程中，国家安全治理的议程设置、政策选择与政策执行也就呈现为基于"情境-意识-行动"结构框架的沙漏模型（如图2-5所示）。[①] 沙漏模型的上端为"情境-意识-行动"，沙漏模型的下端为"政党-政府-社会"。承前所述，"情境"重点考察治理对象问题，即何种议题会安全化为国家安全问题；"意识"重点关注安全观念的形成与演变、安全感知的群体差异，并由此反观治理主体的价值偏好；"行

[①] 详见杨华锋《国家安全治理中的人民性：基于"情境-意识-行动"沙漏模型的阐释》，《行政论坛》2020年第6期。

动"重点在于对安全化予以行动安排,意在检视治理体系的动态过程。

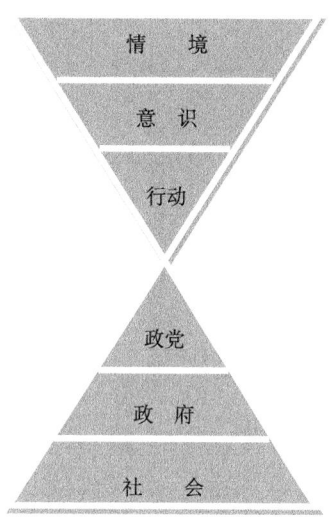

图 2-5 基于"情境-意识-行动"的沙漏模型示意图

资料来源 杨华锋:《国家安全治理中的人民性:基于"情境-意识-行动"沙漏模型的阐释》,《行政论坛》2020年第6期。

随着安全议题在治理行动者网络中的不断积聚、交叉融合,一般情况下,凸显政治安全的议题往往容易拔得头筹,逐步形成以政治安全为中心向外围安全事务不断延展的安全秩序格局;继而在决策时通过竞争公共政策议程设置的注意力,完成公众议程向政策议程的转变,并适时作出政策选择。类比于信息在层级间传递的损耗,在决策前置环节,安全的客观情境、安全的主观感知与意识形成以及安全治理的行动安排在安全信息分布、分享与策略选择的进程中,也存在逐级衰减现象。在决策后的执行环节,安全治理体系较多地依赖于自上而下的科层管理体制,社会行动者网络的参与及效能发挥的占比较低,或者缺乏有序参与和有效治理的协调统筹机制。

在沙漏模型的上端,自风险情境的识别、风险评估和风险预警开始,随着情境与结构的变化而持续影响着治理行动者的意识观念。同一安全风险事件在不同群体间、不同时段上都会产生截然不同的风险感知与理解,倘若行动者网络正视风险冲击与安全威胁，那么容易达致行动共识，该安全风险也就易于进入政策议程；倘若行动者网络否认该风险的存在或不愿承认存在风险冲击与挑战，那么在治理主体的观念意识中将潜伏"房间里的大象"，治理网络呈现"合谋性沉默"。由此可见，以安全状态为内核、相对客观的安全情境，在主客观交互建构的过程中，既存在相互塑造、操控，也存在自上而下持续不断的消耗或隐而不见的漏斗效应。同理，在行动者网络结构中不同政策观点、不同安全应对策略也在主体意识的形成过程中持续博弈，最终能够成功进入安全议程并形成具体治理方案的意识流也面临不断衰减的漏斗现象。是以，在治理体系的政策形成环节中，即沙漏模型的上端形塑着"情境-意识-行动"的漏斗效应。其具体表现有二：一是在信息传递与交互的过程中存在耗损，同时又难以实现自下而上的信息反馈回流。从而意味着享有更充分话语权、能够更广泛动员社会舆论的议题将占据优势地位，获得政策体系的优先关注。而处于信息层级或行政层级末端的事件、议题等信息，难以有效地反馈至决策中枢。如，2020年新冠疫情乍现之时，创立于2003年严重急性呼吸综合征（SARS）疫情之后的"中国传染病疫情和突发公共卫生事件网络直报系统"却未能有效地实现信息的反馈和回流，究其症结系漏斗效应对信息机制的扭曲与遮蔽。二是随着安全情境的复杂性与风险演化的不确定性，安全治理的政策选择与决策面临日益严峻的压力。从"情境"流经"意识"而到了"行动"时，决策风险激增，特别是随着近年来问责压力的骤增，决策效率也持续走低。如，近些年来，地方政府在应对经济社会发展、疫情防控管制时，不时闪现决策滞缓、朝令夕改等，其根源即在于此。

在沙漏模型的下端，其主线是政策网络的执行环节，治理主体系"政党-政府-社会"的科层结构，在政策执行的过程中存在"科层效应"。其表现亦有三：一是治理目标往往存在层层加码和政策偏移现象。中国社会基层机构常常存在"共谋策划"，以应付上级要求和随之而来的各种检查，使实际执行结果偏离政策初衷。如国务院联防联控机制于2022年6月24日召开新闻发布会,严格要求落实疫情防控"九不准"。然而,仍有部分地区和单位的做法不符合国家疫情防控政策要求,如河北省保定市、邯郸市、石家庄市和张家口市,存在过度防疫、"一刀切"等情况,对来冀返冀人员,特别是对来自上海市、北京市、天津市等地区的人员盲目采取管控措施,扩大人群管理范围。① 尽管在国务院通报后,各地均已按要求开展整改,但诸如此类事件并非个案,直观地向我们展示了科层体系中的层层加码与政策偏移现象。二是治理主体的激励不足和激励机制不相容现象。改革开放之初,相当长时期内存在着"一放就乱,一乱就收,一收就死"的怪圈,② 其本质是激励与激励机制问题未得到有效解决。缺乏有效激励自然难免消极怠工,激励机制不相容,也就难免行动冲突、协调难彰。三是反应性治理倾向明显。反应性治理会诱致进一步的治理效能的衰减。因为反应性治理高度依赖特定的条件,依赖执行人的具体行为和决策,无法推广;同时,当社会治理高度地方化和个人化以后,治理容易被工具化——作为"摆平"问题的方法——而非制度化,不能上升为原则坚守,更难基于原则形成制度标准,缺少理论清晰的系统支撑。因而,反应性治理的难题,一是不断"生产"着依赖人而非依靠规则的治理,客观上"悄悄对抗"着制度化进程;二是其重效用轻理论的工具思维客观上"静静消解"着深度认识治理原理的必要性,这成为治理能力提升的巨大障碍。③ 理想的安全治理要积极规避反应性治理的困局,推进前瞻性治理的实践。协同性作为行动考量的积极指标,其多样性、多元化的属性,有助于矫正反应性治理的惯性,并在协同性不断提升的过程中,有效而精准地回应总体性需求,系统而全面地检视沙漏模型带来的弊病,通过持续不断地合作化行动提升治理效能,实现人民性的治理目标。

---

① 《过度防疫违反"九不准"多地被通报、绝不允许因疫情防控之外因素对健康码赋码变码》,中国政府网,http://www.gov.cn/xinwen/2022—06/24/content_5697533.htm。
② 《李克强在国务院机构职能转变动员会议上的讲话》,中央政府网站,http://www.gov.cn/guowuyuan/2013—05/14/content_2591007.htm。
③ 参见张静《社会治理:组织、观念与方法》,商务印书馆2019年版,第252—256页。

四 结语

国家安全是国家生存发展的基本前提，国家安全治理体系和治理能力现代化是国家安全制度及其执行能力的集中体现。数字时代的到来，对工业时代标准化社会大生产形成日益严峻的系统性挑战，传统安全与非传统安全议题的界限开始被高频打破，安全事务间的交互转化成为常态，对传统治理体系与治理方式提出新的要求。总体国家安全观的问世，对"冷战"后的共同体安全观、新安全观、区域安全观及系统安全观进行了有效整合，在安全情境的客观维度上勾绘出总体性要求与系统性、协同性特征。在安全化逻辑起点发轫，结合"状态-感知-能力"说，构建"情境-意识-行动"分析框架，有助于理解与解释国家安全面临的新时代特征，有助于厘清国家安全治理意识的形成脉络，也有助于检视治理过程中的沙漏效应。在总体性的情境、人民性的意识和协同性的行动体系中，治理对象的总体性、治理目标的人民性与治理方式的协同性是交互建构的，三者互为支撑。在其模型假设中，政治化与安全化的双向临界点弹性假设有助于厘清国家安全议题的准入门槛，安全服务与秩序供给的序列偏好假设有助于搭建具备协同感知效力的治理网络，沙漏模型中的漏斗效应与科层效应假设有助于理解与审视治理实践与治理发展中的问题、梗阻与风险。诚然，我们也清醒地认识到，国家安全治理概念模型的构建只是理论探讨与实证研究的一个起点，基于情境、意识与行动的模型机制与假设检验尚有待进一步数据搜集整理、挖掘分析与修正优化，以期在国家安全治理体系与治理能力现代化的历史进程中贡献一丝绵薄之力。

第三编
推进共同富裕与社会治理创新

社会治理的目标与共同富裕的要求高度重合,表明社会治理与共同富裕存在着本质的内在联系。社会治理需要经济高质量发展作为物质保证,而经济高质量发展需要平安、和谐、稳定的社会环境,二者之间是相辅相成的,需同步前行。

扎实推进共同富裕

田 青[*]

为学习贯彻党的二十大报告精神和全国两会精神，本文将探讨党的二十大报告和全国两会中备受关注的两个话题共同富裕和社会治理创新。一是对共同富裕重要内涵的认识；二是共同富裕与社会治理创新之间内在的互动关系；三是新时代共同富裕建设和社会治理创新遇到的新问题、存在的新挑战；四是大力加强社会治理创新、扎实推进共同富裕建设的思考和建议。

一 共同富裕是社会主义的本质要求和奋斗目标，有着丰富内涵

"共同富裕"这一概念最早出现在1953年党的正规文献中。邓小平同志发展和丰富了共同富裕的理论内涵和实践创新，使共同富裕成为建设中国特色社会主义理论的重要内容之一。邓小平同志提出，共同富裕是社会主义的本质要求、奋斗目标和根本原则。2021年8月17日，习近平总书记在主持召开中央财经委员会第十次会议时强调，共同富裕是社会主义的本质要求，是中国式现代化的重要特征，要坚持以人民为中心的发展思想，在高质量发展中促进共同富裕。党的十八大以来，党中央把逐步实现全体人民共同富裕摆

---

[*] 作者系中国行政体制改革研究会智慧治理委员。

在更加重要的位置上。习近平总书记多次强调，要坚定不移走共同富裕的道路。党的十九届五中全会明确提出，到 2035 年，全体人民共同富裕要取得更为明显的实质性进展。2021 年 3 月，全国人大将"全体人民共同富裕迈出坚实步伐"列入"十四五"时期经济社会发展主要目标。2021 年 6 月，中共中央、国务院正式发布《关于支持浙江高质量发展建设共同富裕示范区的意见》，支持浙江省先行先试，为促进共同富裕探索路径、积累经验、提供示范。习近平总书记在庆祝中国共产党成立 100 周年大会上庄严宣告，我国已经全面建成了小康社会，接下来必须进一步推动人的全面发展、全体人民共同富裕取得更为明显的实质性进展。2022 年 10 月 16 日，党的二十大报告提出中国式现代化是全体人民共同富裕的现代化，报告明确要求要扎实推进共同富裕。

显然，共同富裕建设是党和政府的中心工作，它既然是社会主义的本质要求和奋斗目标，那就是我国社会治理创新和社会治理现代化建设的行动指南和行动目标，因此，学习领会共同富裕的丰富内涵极其有意义。

共同富裕的概念内容很综合。"富裕"表示财产多，反映了社会对财富的拥有，是社会生产力发展水平的集中体现，因此从"富裕"这个概念的角度，共同富裕属经济学范畴，以经济手段提高收入、用发展把"蛋糕"做大做好是扎实推动共同富裕的主要手段和物质基础。"共同"则体现公平，要求把"蛋糕"切好分好，反映了社会成员对财富的占有方式，是社会生产关系性质的集中体现，是增长和分配、效率和公平的辩证关系的体现。从这个角度出发，共同富裕又属社会学范畴。共同富裕包含着生产力与生产关系两方面的特质，从质的规定性上确定了共同富裕的社会理想地位，使之成为社会主义的本质规定和奋斗目标。

显然，共同富裕是以物质的共同富裕为基础的，这是共同富裕的最重要的内容。但是，"共同富裕"这四个字具有鲜明的时代特征和中国特色，是新时代下中国特色社会主义制度优越性的集中体现。因此，中国式共同富裕仅有物质生活的富裕是不够的，高度的物质文明和高度的精神文明，既是我国建设中国式现代化的重要内容,也是中国式共同富裕的主要内容。因此,中国式共同富裕是物质生活和精神生活的全面富裕。不管是经济学领域的做大"蛋糕"还是社会学领域的分好"蛋糕","蛋糕"一词的主要含义就不仅仅指收入或财富,应该是经济收入和人民群众的获得感、幸福感、安全感。人民所向往的美好生活就是生活富足、身心健康、国安家宁,获得感、幸福感、安全感全面概括了人民美好生活的基本内容。这些内容正是共同富裕的具体体现,人民共同创造与共同享用经济社会发展成果,归根结底是要实现全体人民共同富裕。

目前,就现实国情而言,我国仍然是世界上最大的发展中国家,发展仍然是我们党执政兴国的第一要务。换句话说,共同富裕当前第一要务还是要推动经济持续健康发展,紧紧抓住经济建设这个中心,通过全国人民共同奋斗把"蛋糕"做大做好,扎实推动共同富裕的物质基础。因此,当前可衡量的共同富裕指标仍然是经济收入,国家对共同富裕分三个阶段逐步实现。

第一个阶段是处在低收入水平、启动"先富论"阶段(1978—2001年)。这一阶段大批富人和地区先富了起来。这一阶段任务早已完成,人均GDP由1978年的400元上升到2001年的人均8716.7元。全国居民人均可支配收入由1978年的0.02万元上升至2001年的0.41万元。

第二个阶段是进入中等收入水平、转向"共富论"阶段(2002—2020年)。这一阶段人均GDP由2002年的9506.2元上升到2020年的人均71828.1元。全国居民人均可支配收入由2002年的0.45万元上升至2020年的3.22万元。

第三个阶段是进入高收入水平、迈向全面共同富裕阶段("全面共富论")(2020之后)。这一阶段2021年人均GDP为8.1万元,全国居民人均可支配收入3.51万元。2022年人均GDP为8.57万元,全国居民人均可支配收入3.69万元。

按照中国式共同富裕的要求,人民群众的获得感、幸福感、安全感也随着经济收入三个阶段不断得到普遍提高。总之,中国式共同富裕是全民共富、全面富裕、共建共富和逐步共富。

二　社会治理创新是扎实推进共同富裕的推动力和有力保障

前文提到过，共同富裕不仅要让人民群众的收入和财富不断增加，还要让人民群众的获得感、幸福感、安全感也普遍得到提高。而社会治理的根本目标是解决社会主要矛盾，实现社会和谐和人民福祉，让人民群众普遍具有较高的获得感、幸福感、安全感。就社会治理的本质而言，谋求公共利益的最大化是最高价值追求，这正是共同富裕目标的具体展现。党的十九大报告明确提出，要"形成有效的社会治理、良好的社会秩序，使人民获得感、幸福感、安全感更加充实、更有保障、更可持续"。邓小平同志也早就指出，物质生活的富裕、精神文化生活的丰富、人的自身文明素质的提高，这几方面有机结合，才能构成社会主义共同富裕的鲜明特征。

社会治理的目标与共同富裕的要求高度重合，表明社会治理与共同富裕存在着本质的内在联系。社会治理需要经济高质量发展作为物质保证，而经济高质量发展需要平安、和谐、稳定的社会环境，二者之间是相辅相成的，需同步前行。在经济发展的过程中同步推进社会治理，这是党和政府积累的一条十分重要的成功经验。在新中国成立后的发展历程中，我国的经济发展和社会治理一直紧密相连，经济领域的每一个成就都与社会治理的成果密不可分。党的十八大以来我国经济社会发展之所以取得前所未有的历史成就，一个很重要的原因就是以习近平同志为核心的党中央在坚定不移地贯彻新发展理念，提高发展质量和效益的同时，不断提高社会治理的水平和能力。一个完整的经济体系是由社会经济活动中所涉及的不同环节、不同层面、不同领域的相互关系和内在联系构成的一个有机整体。新形势下，共同富裕建设既需要经济体系内的力量支撑，也离不开加强和创新社会治理的支持。只有同步推进社会治理，才能使经济建设和社会建设齐头并进，才能使两者相辅相成，共同推进国家社会主义事业的全面发展，实现全体人民共同富裕。

三 新形势下社会问题对共同富裕建设的制约和影响日益凸显

促进全体人民共同富裕是一项长期艰巨的任务。当今世界正经历百年未有之大变局，我国正处于实现中华民族伟大复兴关键时期，社会主要矛盾也发生了深刻的变化。社会主要矛盾的变化，对社会治理和实现共同富裕目标都提出了新的要求。尤其在中国经济进入新常态以来，伴随着经济发展阶段性的变化，社会政策和社会治理也相应地面临着新的转向。

其一，新时代社会主要矛盾的转变对共同富裕和社会治理之间的良性互动提出了新要求和新挑战。

党的十八大以来，以习近平同志为核心的党中央团结带领全党全国各族人民，始终朝着实现共同富裕的目标不懈努力，全面建成小康社会取得伟大历史性成就，为新发展阶段推动共同富裕奠定了坚实基础。但是，当前我国发展不平衡不充分问题仍然突出，城乡区域发展和收入分配差距较大，各地区推动共同富裕的基础和条件不尽相同，由此也引发了很多社会问题。党的十九大报告明确指出，中国特色社会主义进入新时代，我国社会主要矛盾已经转化为人民日益增长的美好生活需要和不平衡不充分的发展之间的矛盾（我国社会主要矛盾经历了三次变化，前两次分别是：人民对于建立先进的工业国的要求同落后的农业国的现实之间的矛盾、人民日益增长的物质文化需要同落后的社会生产之间的矛盾）。新时代我国发展的不平衡主要表现在区域不平衡、领域不平衡和群体不平衡等方面，而发展的不充分则表现为发展总量不充分、发展态势不稳固、发展程度不高。社会主要矛盾发生变化，对我国的经济发展实现共同富裕提出了更高、更迫切的要求。

其二，随着经济的持续稳定发展和经济收入的提高，社会利益日趋多元化，使社会诉求多元化，社会治理难度加大。

社会诉求多元化。 新形势新阶段，像过去发达国家的经历一样，我国社会领域的问题也将逐步显现，比如，食品安全问题、生态环境问题、贪污腐败问题、贫富差距问题、人口老龄化问题、医患纠纷问题、青少年犯罪问题、教育不公平问题、征地拆迁引发的社会问题等，这些问题都有以下表现。第一，以人为本的民生诉求全面升级，人们对于美好生活的需求的增加导致社会治理中的物质需要已经不能满足人们的现实需求，对于公正、法治、生态等方面的拓展正在持续增加。第二，人们对收入分配与环境的心理承受能力下降，而对社会公平与诉求得到回应和满足的要求越来越高。随着生活方式、利益关系的日益复杂化，人们的表达方式和诉求也更加多元化。人们诉求涵盖的领域更加广泛、表达方式更加强烈。第三，人们的社会诉求所涉及的领域，从过去的收入、就业扩展到生态环境、城市发展、文化娱乐等各个方面。第四，人们对于社会领域的诉求，不仅体现在诉求的表达上，而且越来越多地希望参与社会问题的解决过程当中，将其公民意识和对问题的诉求直接作用于问题本身。这也意味着社会治理的主体发生了根本性的变化，从过去的政府包揽转变为多元主体共建、共治、共享。

社会治理难度增大。 在国家发展不平衡、总量不充分的背景下，社会治理难度进一步增大。尤其在经济增速逐渐放缓的重要拐点，新的经济要求与传统的经济发展模式之间发生强烈碰撞，将在一定阶段内导致社会问题的敏感和高发。一方面，目前，我国社会领域存在着社会治理制度和能力没有保持与经济社会发展同步的问题，尚未形成完善的应对社会领域负面效应的体制机制，在出现社会治理和突发事件时缺乏有效甚至必要的处置与应对措施，社会风险可能由此带来更加显著的扩大效应。另一方面，目前社会组织也无法承担起相应的社会责任，缺乏足够的社会治理纾解与协调能力，使得社会矛盾无法被及时察觉，社会组织察觉后无法准确反应，无法实施有效干预。此外，由于信息化时代的到来，人民诉求表达渠道更加多样，表达诉求的声音可能在短时间内迅速扩散，使得社会治理需要更多的投入，进一步增加了治理的难度。

四 加强社会治理创新，为共同富裕建设保驾护航

建设更高水平的平安中国，为共同富裕建设提供平安、和谐、稳定的发展环境。 经济建设需要平安、和谐、稳定的发展环境。新发展阶段建设更高水平的平安中国是经济建设、人民安居乐业、快乐生活的重要保障。建设更高水平的平安中国，要以发展与安全为主线，要融入国家治理体系和治理能力现代化建设的大局中，努力将治理的体系优势、能力优势转化为治理的效能优势，确保国家经济安全，为构建新发展格局保驾护航，为人民生命安全打造全周期的防护体系，让人民在发展中感受幸福。

深入推进社会治理现代化，特别是基层社会治理现代化。 社会治理的重心在基层，党的十九大报告、二十大报告及"十四五"规划和2035年远景目标中，都将社会治理作为一个重要内容。面对新机遇新挑战，面对发展不平衡不充分的矛盾，要从解决实际问题入手，在社会建设领域，要深入推进社会治理现代化，特别是基层社会治理现代化。在"十四五"时期，经济社会发展主要目标之一是"社会治理特别是基层治理水平明显提高"。当前，推进基层社会治理现代化的重点任务是创新共建、共治、共享基层社会治理新格局。党的十九大报告、二十大报告和以往的党代会报告相比，最重要的社会治理的创新，就是提出了共建、共治、共享的社会治理新格局，要构建人人有责、人人尽责、人人享有的社会治理共同体。所以，新发展阶段加强和创新社会治理，就必须创建社会管理、政社共治和社会自治的共建、共治、共享体制机制，这是推进社会治理现代化和共同富裕建设的重要制度保障。

认真总结和学习浙江省大力加强社会治理创新，扎实推进共同富裕示范区建设先行先试和以往实践经验。 2021年6月，中共中央、国务院公布了《关于支持浙江高质量发展建设共同富裕示范区的意见》，该意见明确要求第一个主攻方向是解决区域发展差距问题，第二个主攻方向是解决城乡差距问题，

第三个主攻方向是要解决收入差距问题。

为什么选择在浙江省建设共同富裕示范区？除了浙江省经济发展状况具备建设共同富裕示范区的基础和优势，也与近年浙江省在市场经济、环境改善、社会治理等方面已经形成了一些制度创新成果，未来在优化经济结构、完善城乡融合、区域协调的体制机制等方面有较大的探索空间有关。

总结近两年浙江省共同富裕示范区建设先行先试的做法和以往实践经验，以下几个社会治理创新的相关做法值得各地认真学习和借鉴。

一是着眼解决人民最关切的问题，促增收、拓渠道、优分配，不断缩小三大差距。 坚持以满足人民日益增长的美好生活需要为根本目的，以解决地区差距、城乡差距、收入差距问题为主攻方向，更加注重向农村、基层、相对欠发达地区倾斜，向困难群众倾斜。两年多来，浙江省启动实施新一轮制造业"腾笼换鸟、凤凰涅槃"攻坚行动，深入推进"六个千亿"产业投资工程；不断完善收入分配制度改革——2022年居民人均可支配收入达到6.03万元，城乡居民人均可支配收入比缩小到1.9；推进城乡区域协调发展——山区26县省级开发区全覆盖，全面实施"强村富民"乡村集成改革；推进公共服务优质共享，把好标准尺度、增强暖心温度、拓展覆盖广度——基本建成学前教育、公共卫生、养老照料、体育健身等"15分钟公共服务圈"，技能人才占从业人员比例提高到35%，人均预期寿命超过80岁。完善"民呼我为"机制，通达民情、速办民需、共互民安。

二是"扩中""提低"重大收入分配制度改革。 为了推动率先基本形成以中等收入群体为主体的橄榄型社会结构，2022年2月，浙江省印发了《浙江省"扩中""提低"行动方案》，明确了"扩中""提低"的八大路径、九类群体的"8+9"工作矩阵。"8"是推动"扩中""提低"的八大实施路径，分别是促就业、激活力、拓渠道、优分配、强能力、重帮扶、减负担、扬新风；"9"是当前阶段重点关注的九类群体，包括技术工人、科研人员、中小企业主和个体工商户、高校毕业生、高素质农民、新就业形态从业人员、进城农民工、低收入农户、困难群体。这个方案中，"扩中"和"提低"、做大"蛋糕"和分好"蛋糕",环环相扣、相互促进。2022年,浙江省城乡居民收入倍差缩小到1.94以内;常住人口城镇化率提高到73%左右。

三是着力推进社会主义先进文化先行示范建设。 实施新时代文化建设"186行动",全域打响"浙江有礼"品牌,全国道德模范评选表彰人数居全国各省(自治区、直辖市)首位;生态文明建设迈上新台阶——全域建成"无废城市",11个设区城市空气质量优良天数平均比例达87%以上;推进社会治理先行示范——有效防范重点领域金融风险、深化新时代"枫桥经验"、"大综合一体化"行政执法改革全面落地。

四是大力推动数字化改革推动社会治理现代化和全面共同富裕建设。 数字化改革是社会治理现代化的重要手段,撬动了浙江省扎实推进共同富裕的体制机制创新,为各项工作的有效推进提供了全面支撑,使得有效市场和有为政府更好结合,社会领域改革全面深化。创新深化助力改革攻坚,重点领域改革全面深化,迭代形成"1612"数字化改革体系架构;以数字化改革引领系统性变革,涌现出浙医互认、民主"关键小事"智能速办等一批标志性应用成果,推进共同富裕示范区建设。"小切口"撬动"大创新"。杭州市启用数字综合保税区服务平台,宁波市探索共富型统计监测体系,舟山市实施共富方舟健康守护行动,湖州市发布县域精神富有评价指南……借助数字化改革,形成了一批有浙江辨识度的基层社会治理创新。以"乡村大脑+浙农应用"为主体,创新浙农优品、网上农博等应用场景,率先实现行政村5G网络、快递服务全覆盖,农产品网络零售额超1238亿元……2022年,浙江省数字农业农村发展水平达到68.3%,连续四年位居全国首位。聚焦"156"工作举措,全速推进数字乡村引领区建设。在以数字经济为核心的现代化产业体系的加快构建过程中,浙江省不断往"高"攀升、向"新"进军、以"融"提效。通过推动数字化改革全面支撑共同富裕示范区建设,省、市、县三级一体化智能化公共数据平台,浙江外卖在线、浙江e行在线、浙江公平在线等一批应用上线运行;民生"关键小事"智能速办等一大批数字化应用,进一步聚焦了人民群众对共同富裕的重大需求。

五是继续大力发扬"枫桥经验",合法、合理、合情化解基层社会矛盾,维护社会和谐稳定。 基层社会治理坚持以创新为引领,把治理方法创新、治理制度创新放到更加突出的位置,以人民所急所思所盼所忧的实际问题、发展难题作为创新治理体制机制和找到解决办法的重点。社会矛盾纠纷调处化解中心"聚多元为一元""合多口为一口",为人民省心办、放心办、安心办提供了一个平台,为合法、合理、合情化解基层社会矛盾,维护社会和谐稳定提供了有益探索。要善于创新创造,善于于危机中育先机、于变局中开新局,以基层社会治理的新发展带动经济等各项建设。坚持"大平安"理念不动摇,统筹发展和安全,不断推进社会治安防控体系的立体化、信息化,筑牢政治安全体系,夯实基层治理体系,健全风险防控体系,巩固和发展平安浙江建设的良好态势,努力打造平安中国示范区。发扬"枫桥经验"扎根人民、立足人民、服务人民、发动人民的工作方法,及时掌握社会发展动态、民心动态,建立基层舆情反馈机制,塑造风清气正的社区生活生态。

乡村治理的创新实践

张 琦*

河北省张家口市尚义县十三号村位于河北省西北部,地处坝上和坝下交汇处,夏季平均气温21℃,空气新鲜、气候凉爽。全村土地总面积1.12万亩,其中耕地面积1263亩,草场2137亩,森林覆盖率接近70%。十三号村共辖4个自然村233户483人,其中常住人口83户150人,其余村民多在外地务工。村集体下设一个旅游公司两个合作社,村集体经济年收入70万元。2021年,十三号村农民人均可支配收入1.4万元,高于同期尚义县农村居民人均可支配收入1.2万元的水平。

过去,十三号村"房屋破旧漏、街道脏乱差、庭院无人住",是典型的空心贫困村。村集体经济薄弱,产业发展滞后,村民内生动力严重不足。痛定思痛,十三号村村"两委"创新工作思路,充分发挥核心引领作用,通过产业发展重构村民利益联结机制,以文化传承重铸集体认同、以党建引领凝聚治理合力,在实现了村民致富增收的同时,乡村治理水平不断提升,现已发展成为当地推进乡村治理现代化的典型代表。

一 十三号村开展乡村治理的具体实践

十三号村基于地理位置和文化环境优势,大力发展乡村旅游业、现代观

---

* 作者系北京师范大学经济与资源管理研究院教授、中国乡村振兴与发展研究中心主任。

光采摘农业和光伏产业,通过传承中华优秀传统文化增强乡村治理的向心力,通过党建引领推动乡村振兴工作提质提速提效。

(一) 以产业发展重构村民利益联结机制

产业兴旺是解决农村一切问题的前提。十三号村村"两委"积极整合现有资源,探索产村融合发展,围绕"乡村旅游、现代农业、光伏发电"三大板块构建乡村产业发展矩阵。一是以"地"生财,大力发展乡村旅游。十三号村交通便利,周边分散着二道背国家级森林公园,石人背地质公园等景点。经过反复研究讨论,十三号村提出了"保生态、搞旅游、共致富"的发展思路,采取闲置土地捆绑开发、涉农资金捆绑使用、农村留守人员捆绑配置的"三个打捆"模式,引导村民组建农宅合作社,发展以窑洞酒店为主的乡村旅游业。二是以"凉"发财,发展现代观光采摘农业。在生态旅游发展起来后,村"两委"班子决定依托坝上地区独特的冷凉资源,盘活村民闲置耕地150亩,由村集体与深圳百果园尚义分公司合作建设集"采摘、休闲、科普"功能为一体的现代化农业园区,通过发展现代化观光采摘农业吸纳村民就地打工,拓宽增收路子。目前,采摘园年接待游客达到1万多人次,年实现收入50万元。三是以"光"聚财,发展光伏产业。十三号村抢抓国家光伏政策优势机遇,以光伏点亮绿色经济。经过多方争取,十三号村引进鑫新能源公司捐赠建设260千瓦屋顶分布式光伏项目,同时利用帮扶资金实施100千瓦光伏发电产业项目。目前全村屋顶分布式光伏产业实现发电20万千瓦时,不仅解决了窑洞宾馆和村庄用电,还为村集体年增收近50万元。

在乡村产业发展过程中,十三号村村"两委"最大限度地保障集体利益,既提升了村组织在村庄公共事务治理中的权威,又通过利益纽带将村民以专业合作社形式组织起来。享受到了村集体带来的实际福利,村民的基本生存和生活发展又重新紧紧联系在一起。有共同的利益才有共谋发展的心,居民的利益联结为乡村治理提供了物质基础。

（二）以文化传承重铸集体认同

乡土文化外化为人们在长期实践形成的共同的象征符号、文化理念和行为规范，具有深层性和稳定性，是实现乡村有效治理的重要内生力。十三号村以传承优秀文化重铸集体认同，增强了乡村治理的向心力。主要举措包括如下三个方面。

第一，十三号村村"两委"坚持"以物证史，以物载情"，通过抢修扩建红色记忆馆、村史馆、农展馆和土改会议旧址，充分传承和挖掘本村红色文化、乡土文化、民俗文化，全面展示广大村民在本村发展和治理过程中发挥的主体地位，唤起村民参与乡村治理的主人翁精神，增强示范村建设的内涵和吸引力。第二，开展乡风文明建设，在本村广泛组织开展扭秧歌、二人台剧目等村民喜闻乐见的文体娱乐活动，将社会主义核心价值观融入其中，在丰富了群众精神文化生活的同时，从整体上营造和谐淳朴的民风。第三，十三号村通过完善村规民约，设立红黑榜，创办积分超市、爱心理发屋、老年活动中心，评比"清洁文明"之星、"美丽庭院"、"最美家庭"等，教育引导广大群众摒弃陈规陋习、移风易俗、倡树文明新风。

（三）党建引领凝聚治理合力

十三号村乡村治理水平的提升离不开村党组织的建设。十三号村坚持党建引领，将党建工作牢牢抓在手上，全面加强村党组织建设，推动乡村振兴工作提质提速提效。

第一，十三号村党支部扎实贯彻党章要求，严格落实"三会一课""主题党日"等基本制度，认真开展党员活动日、"两学一做"学习教育、"不忘初心、牢记使命"主题教育、党史学习教育等活动，全方位推进党务、村务公开，充分激发了广大党员的带动力，极大提高了支部战斗堡垒作用。第二，村党支部成员敢为人先，充分发挥示范引领作用。比如，在乡村产业发展中，面对资金难题，十三号村书记带头垫资，村"两委"干部全力响应，全村党员踊跃支持，为广大群众树起了标杆榜样，群众主动配合、积极参与，保障了产业、基础设施等项目的顺利推进。第三，不断强化网格化治理。村党支部充分发挥老党员的人缘优势，及时掌握、预警、调处群众的诉求和问题，从源头上化解矛盾纠纷、消除安全隐患。牢牢守住了安全稳定底线，做到片刻不松抓安全、丝毫不息保稳定，实现"小事不出片、难事不出村、大事不出镇"。

正是在村党组织带头人和党员队伍的带领下，十三号村才能在面对发展乡村旅游等的重大机遇时真正为乡村振兴谋出路、凝共识、聚合力，推动协商成果转化落实，最终惠及村庄长远发展，并赢得了村民的认可和支持。

二 十三号村的主要经验

治理有效是实现乡村振兴的重要保障。十三号村通过产业发展重构村民利益联结机制，以文化传承重铸集体认同、以党建引领凝聚治理合力，乡村治理能力显著增强，有效提升了村民的幸福感和满意度。我们认为十三号村的乡村治理实践带来了如下启示和经验。

第一，加强农村基层组织建设，构建现代乡村治理体系。 农村基层党组织作为农村政治中心、组织中心、资源中心和治理中心，在乡村治理和乡村发展中具有巨大的组织性优势和制度性优势。加强农村基层组织建设，是发挥其组织性优势和制度性优势的重要保证，是推动乡村治理现代化的固本之策。加强农村基层组织建设，要重点加强基层党组织工作队伍建设，全面落实"四议两公开"制度，健全党组织领导的自治、法治、德治相结合的乡村治理体系，以网格化管理、数字化赋能、精细化服务提升乡村治理水平。

第二，强化文化建设，夯实乡村治理基础。 乡土文化所包含的以德治村、乡贤治村等历史基础和创新实践，有助于提升乡村治理能力现代化水平，实现乡村组织振兴。以村规民约为代表的乡村自治文化有助于彰显村民在乡村民主自治中的主体地位。在制定与执行村规民约的过程中，村民参与乡村治理热情得以激发。乡村治理共识得以凝聚。乡村社会治理规范得以完善。为此，要不断发掘植根于传统农耕文化中的积极元素，持续推进农村精神文明建设，注重以文化人、以文养德，开展家风家训传承、"最美家庭"评选、乡风评议会等活动，促进农村社会和谐稳定，涵养守望相助、崇德向善的文明乡风。

第三，加强宣传引导，发挥农民主体地位。 农民是乡村治理的主体，是乡村振兴的依托力量。加大支持农民参与乡村治理的宣传力度，充分利用微信群、乡村大喇叭和主题党日等持续深入宣传党的乡村治理方针政策，形成全村共同关注乡村治理、支持乡村各类事务、参与乡村治理的良好氛围。同时，村党组织要通过入户走访、支部和村民代表会议等形式进一步宣传发动，营造全村上下支持、协同发展的浓厚氛围，充分调动全体村民参与乡村治理的积极性和主动性。

第四，加强基层干部培训，提升综合素质。 乡村治理在乡村振兴中发挥重要引领作用，是推动乡村发展高质量水平的动力，又是乡村建设的重要支撑和效率保障。没有乡村治理，乡村发展和乡村建设就难以高质量可持续地推进。决定乡村治理的关键因素是村级干部的素质能力和水平，因此，提升农村基层干部的综合素质能力和水平是当务之急。

加大社会性支出投入

冯俏彬　宋　恒*

2023年的政府工作报告指出，过去5年全国财政支出70%以上用于民生，这是一个相当高的比例。但与此同时，我们也注意到学界有一个普遍性的观点，认为从国际比较的视角看我国的社会性支出与经合组织（OECD）国家相比还有很大的差距，未来要进一步加大财政投入。这两种观点、两个概念差异显著，既涉及国际比较的口径与不同国家的发展阶段问题，也与未来我国以多大程度、何种速度提高民生相关支出息息相关，需要深入研究、认真分析。

一　民生支出与社会性支出的概念辨析

民生支出通常指财政用于保障和改善民生方面的支出。尽管"民生支出"一词常见于各种文献、文件，但官方对其所包含的具体口径并没有明确、统一的界定。一般认为，我国的民生支出主要基于"学有所教、老有所养、病有所医、住有所居"的要求，用于教育、社会保障和就业、卫生与健康、保

---

* 作者分别系国务院发展研究中心宏观部副部长，教授、博士生导师；中国财政科学研究院博士研究生。

障性住房、文化等方面的支出。①

社会性支出（social expenditure）是OECD在20世纪90年代提出的衡量福利国家规模的指标之一，指公共和私营机构向家庭和个人提供的福利和经济援助，主要包括九类：养老、遗属福利、失能待遇、医疗卫生、家庭福利、积极的劳动力市场政策、失业救济、住房和其他政策领域的支出（见表3-1）。

表3-1 OECD国家社会性支出分类情况

类别	相关解释
养老	所有用于老年退休金的现金开支。老年现金福利旨在为退休的人提供收入，或在一个人达到领取养恤金年龄或达到必要的缴款要求"标准"时的保障收入。这一类别包括提前退休金，但不包括因劳动力市场原因而提前退休的项目；包括用于老年人服务的社会支出，如日间护理和康复服务、家庭帮助服务和其他实物福利；此外，亦包括在院舍提供住宿的开支如营运养老院的开支。
遗属福利	向死者的配偶或被抚养人提供福利（现金或实物），还包括遗属福利受益人被抚养子女的津贴和补贴。
失能待遇	失能待遇现金福利包括因残疾而完全或部分无法有酬地参与劳动而支付的现金。残疾可能是先天的或者是因为事故或疾病导致的后天残疾。残疾人服务的社会性支出还包括日托和康复服务、家庭帮助服务和其他实物福利等服务。
医疗卫生	主要是政府和社会医疗保险计划，但不包括资本转移，如政府向医院的投资捐赠。
家庭福利	支援家庭的福利（不包括一人住户）。福利通常与被抚养人相关的费用有关。
积极的劳动力市场政策	旨在改善受益人的就业前景或以其他方式提高其收入能力，包括用于公共就业服务和行政管理、劳动力市场培训、青年从学校向工作过渡的特别方案、残疾人特别劳动力市场方案，以及为所有其他失业人群提供的劳动力市场方案。

① 与民生支出比较相似的另一个概念是基本公共服务支出，根据《国家基本公共服务标准》（2021年），我国纳入基本公共服务范围的有幼有所育、学有所教、劳有所得、病有所医、老有所养、住有所居、弱有所扶、优军服务保障、文体服务保障等9个方面、22个大类、80个服务项目，比通常所说的民生支出范围更大。

续表

类别	相关解释
失业救济	对失业人员的现金补偿支出,如对因企业破产或无故被解雇人员的遣散费和提前退休金。
住房	租金补贴和其他福利,以帮助个人解决住房需求。
其他	用于各种不属于有关方案范围的社会性开支(现金和实物),如某种特定的意外开支等。

资料来源:根据经合组织社会性支出统计(2019年)整理。

比较民生支出与社会性支出两个概念,可以看出它们之间既有联系也有区别。联系主要在于:两者均指政府支出中与居民生活、生计直接相关的部分,如住房、养老、医疗等,都能反映福利国家的规模与程度。区别主要在于:民生支出既包括政府发放给居民的现金、补助券,也包括政府兴修学校、医院的固定资产投入,还包括相关领域的行政管理费用;而社会性支出主要指政府和私营部门发放给家庭和个人的现金、福利、服务以及其他旨在减轻居民负担的支出,较少涉及固定投资支出和行政管理支出。简言之,从规范的政府支出分类上看,社会性支出属于国际上政府收支分类中的"转移性支付"[①],与我国常用的民生支出在内涵与外延上并不完全相同。

二 口径、数据来源与技术说明

为了准确反映国际比较视角下我国的实际状况,本文以 OECD 定义的社会性支出为基准,对我国财政支出中的相关类别进行拆解合并,近似得出我国社会性支出的相关数据,以此进行国际比较和分析。

---

① 一般地,财政支出按经济性质可分为两类:购买性支出和转移性支出。购买性支出是指政府直接购买商品和劳务的支出,包括消费性支出和投资支出。转移性支出是指政府将一部分财政资金无偿地、单方面转移给企业或居民的支出,如社会保障支出和财政补贴等。

（一）统计口径

经分析，上述 OECD 九类社会性支出基本上与我国社会保障和就业、卫生健康和住房保障三大类支出相对应。需要特别指出以下三点：一是从标准的社会性支出定义上看，教育支出不属于社会性支出。在我国，教育支出是民生支出的大头，但 OECD 国家的社会性支出中与教育有关的部分仅包括儿童早期教育和护理的支出。为方便比较，本文不将教育支出视为社会性支出，同时限于数据的可得性，本文也未将我国教育支出中与儿童教育与护理相关的支出拆出并纳入。但总体上看，我国用于这方面的支出极小，因此对于结果的影响可忽略不计。二是 OECD 国家的社会性支出还包含私营部门转移给家庭和个人的现金福利，但金额很小，且我国无相关统计，故也未计入。三是 OECD 国家的社会性支出包含以税式支出方式转移给家庭和个人的收入（即所谓"减轻居民支出负担的支出"）。由于我国尚未开展税式支出的相关统计，故也未计入。

（二）主要指标与计量单位

本文主要使用以下三个指标：人均社会性支出、社会性支出占政府支出的比重、社会性支出占 GDP 的比重。为方便作国际比较，统一以美元计价。凡涉及我国社会性支出的相当数据均已按当年汇率进行了折算。

（三）数据来源与技术处理方法

本文使用的数据来源于 OECD 数据库、中国财政部网站和《中国财政统计年鉴》。主要技术处理方法如下。

第一，按 OECD 的口径调整了我国政府支出的计算口径。我国实行复式预算，包括一般公共预算、政府性基金预算、国有资本经营预算和社会保险基金预算四本账。国内一般讨论政府支出时多指一般公共预算支出，但这不能代表我国政府支出全貌，也与 OECD 统计口径不符。因此，本文中的政府支出包括一般公共预算支出、政府性基金预算支出、国有资本经营预算支出和社会保险基金预算支出，但扣除了其中的重复计算部分。具体而言，扣除了一般公共预算对社会保险基金的补助、政府性基金预算支出中国有土地使用权出让金收入安排的支出。

第二，按OECD社会性支出口径调整了我国社保支出、卫生健康支出的口径。一是社保支出是在一般公共预算中"社会保障和就业支出"的基础上，加上基本养老保险基金支出、失业保险基金支出，再剔除一般公共预算支出对这几项社会保险基金的补助后得出的数额。二是卫生健康支出是在一般公共预算中"卫生健康支出"的基础上，加上社会保险基金预算中的基本医疗保险基本支出、工伤保险基金支出，再剔除一般公共预算支出对这几项社会保险基金的补助后得出的数额。

三 近十年来我国社会性支出的概况

近十年来，我国人均社会性支出规模不断增加，从2012年的499美元提高到2021年的1362美元，年均增长11.8%。从比重上看，社会性支出占GDP的比重从2012年的8.25%提高到2021年的10.85%，占政府支出的比重从2012年的28.27%提高到2021年的35.50%（见表3-2）。

表3-2 2012—2021年中国社会性支出总体及分项数据一览表

年份	人均社会性支出绝对值（美元）	社会性支出占GDP的比重（%）	社会性支出占政府支出的比重(%)	卫生健康占社会性支出的比重(%)	社会保障和就业支出占社会性支出的比重(%)	住房保障支出占社会性支出的比重（%）
2021年	1362.43	10.85	35.50	30.44	63.84	5.72
2020年	1183.87	11.36	32.94	30.31	63.52	6.17
2019年	1114.42	10.96	34.41	29.91	64.17	5.92
2018年	1044.53	10.79	34.77	29.66	63.48	6.86

续表

年份	人均社会性支出绝对值(美元)	社会性支出占 GDP 的比重(%)	社会性支出占政府支出的比重(%)	卫生健康占社会性支出的比重(%)	社会保障和就业支出占社会性支出的比重(%)	住房保障支出占社会性支出的比重(%)
2017 年	838.59	9.59	31.97	32.85	58.94	8.21
2016 年	835.15	10.38	32.83	35.91	55.34	8.74
2015 年	790.18	10.06	31.18	36.23	55.40	8.37
2014 年	699.69	9.30	30.65	36.53	55.04	8.43
2013 年	588.01	8.70	28.93	35.61	55.70	8.68
2012 年	499.12	8.25	28.27	35.05	54.87	10.09
均值	895.60	10.02	32.15	33.25	59.03	7.72

注：数据来源于《中国财政统计年鉴》和财政部官网。

在人均水平不断提高的同时，我国社会性支出的结构有所变化。主要表现为：一是社保与就业方面的支出占比显著提高，从2012年的54.87%提高到2021年的63.84%，增加近10个百分点；二是卫生健康与住房方面的支出有所下降，其中卫生健康支出从2012年的35.05%下降到2021年的30.44%，住房保障支出从2012年的10.09%下降到2021年的5.72%。

四 人均GDP 1万美元时，我国与OECD国家社会性支出的比较

为了比较同一发展阶段各国社会性支出的情况，我们以"人均GDP 1万美元"为标准，观察我国与OECD国家在这一阶段的社会性支出水平与结构特征。

（一）我国人均社会性支出水平、占GDP的比重明显低于同一发展阶段的OECD国家，但与日本、韩国基本相当

在有数据的33个OECD国家中，当人均GDP达到1万美元时，人均社

会性支出达到3000美元以上的国家有3个,即捷克、匈牙利、波兰,均为东欧国家,时间都在2000年以后,达到2000～3000美元的有15个国家,1000～2000美元的有13个国家,仅有2个国家在1000美元之下。均值为2023.65美元(见表3-3)。

从社会性支出占GDP的比重上看,占比在20%以上的国家有9个,其中最高的是瑞典(24.49%),占比在15%～20%的有10个国家,占比在10%～15%的有10个国家,占比10%以下的有4个国家,均值为15.42%。

从社会性支出占政府支出的比重上看,在有数据的17个OECD国家中,有7个国家占比在40%以上,如波兰(45.52%)、芬兰(44.3%),有8个国家占比在30%～40%,仅有1个国家占比在20%(韩国)以下,均值为36.74%。

2019年,我国人均GDP首次突破1万美元大关,达到10276美元,这是一个标志性的时刻。这一年我国人均社会性支出为1114.42美元、社会性支出占当年GDP的比重为10.91%、社会性支出占政府支出的比重为34.41%,分别相当于OECD同一发展时期各国均值的55%、71%、94%。从这个角度看,我国人均社会性支出以及占GDP的比重明显偏低,但社会性支出占政府支出的比重已基本达到平均水平。

需要指出的是,OECD国家中多为欧美国家,与我国社会结构、政社关系、行政体制等差异较大,简单的数据比对并不一定能说明问题。但OECD中也有与我国情况类似的东亚国家日本和韩国,因此与这两个国家相比,能客观认识我国社会性支出的全貌。研究发现,与社会结构更相似的东亚国家相比,我国1114.42美元的人均社会性支出与同一发展阶段的日本(1981年)1087.55美元的水平基本相当,且大大高于同一发展阶段的韩国(1994年)345.39美元的水平。另外两个指标也显示出同样的情况:社会性支出占GDP的比重中,日本为10.25%,韩国为2.83%,我国为10.91%;社会性支出占政府支出的比重中,韩国为13.79%(日本数据缺失),我国为34.41%。因此,如果考虑到我国与欧美国家在社会结构、政府责任等方面的差异,似乎并不能轻易得出我国社会性支出过低的结论。

表3-3 人均GDP 1万美元时我国与OECD国家社会性支出情况

国家/均值	人均GDP首次达到1万美元的时间	人均社会性支出（美元）	社会性支出占GDP的比重（%）	社会性支出占政府支出的比重（%）
捷克	2004年	3731.17	17.84	42.16
匈牙利	2004年	3425.21	21.05	43.21
波兰	2007年	3281.87	19.53	45.52
意大利	1986年	2886.11	20.05	—
斯洛伐克	2006年	2838.96	15.06	38.79
立陶宛	2007年	2833.19	14.84	42.04
瑞典	1975年	2751.88	24.49	—
卢森堡	1977年	2581.52	20.10	—
荷兰	1978年	2477.08	22.96	—
比利时	1978年	2389.99	23.20	—
新西兰	1987年	2354.99	17.61	34.21
奥地利	1980年	2304.87	21.91	—
西班牙	1989年	2176.29	17.31	—
希腊	1991年	2119.87	15.18	—
爱沙尼亚	2005年	2056.88	12.83	38.06
爱尔兰	1988年	2054.90	18.60	—
拉脱维亚	2007年	2009.60	11.02	31.92
丹麦	1978年	2001.47	20.26	—
瑞士	1975年	1972.23	12.36	—
法国	1979年	1949.33	20.14	43.39
葡萄牙	1992年	1810.76	13.76	—
哥斯达黎加	2012年	1786.66	12.03	38.90
芬兰	1980年	1635.03	17.76	44.30
挪威	1977年	1590.36	16.12	—
美国	1978年	1585.66	12.86	36.77
加拿大	1979年	1584.40	13.15	31.20
智利	2007年	1422.51	8.48	43.24

续表

国家/均值	人均GDP首次达到1万美元的时间	人均社会性支出（美元）	社会性支出占GDP的比重（%）	社会性支出占政府支出的比重（%）
英国	1980年	1375.97	15.59	—
墨西哥	2011年	1193.01	7.21	25.04
日本	1981年	1087.55	10.25	—
澳大利亚	1979年	1072.53	10.24	31.99
韩国	1994年	345.39	2.83	13.79
土耳其	1974年	93.33	2.25	—
均值	—	2023.65	15.42	36.74
中国	2019年	1114.42	10.91	34.41

注：1. 数据来源于OECD官网。2. 限于数据的可得性，OECD国家人均GDP首次达到1万美元的时间在1980年之前的以1980年的数据替代。

（二）我国社会性支出的结构与OECD国家基本相同

从结构上看，人均GDP达到1万美元时，OECD国家的社会性支出中，占比最高的为社会保障和就业支出，均值为66.82%；其次是卫生健康支出，均值为28.99%。住房保障支出中，欧美国家的占比都很小，均值仅为1.86%（见表3-4）。

2019年，我国的社会性支出中，社会保障和就业支出占64.17%，卫生健康支出占29.91%，住房保障支出占5.92%。直观上看，与OECD国家差别并不显著。

表3-4 人均GDP 1万美元时我国与OECD国家社会性支出的结构情况

国家/均值	社会保障和就业支出占比（%）	卫生健康支出占比（%）	住房保障支出占比（%）
波兰	77.58	21.07	0.45
奥地利	77.07	21.55	0.44
卢森堡	76.98	22.06	0.00
比利时	76.72	22.21	0.00
希腊	75.41	21.16	2.67

续表

国家/均值	社会保障和就业支出占比（%）	卫生健康支出占比（%）	住房保障支出占比（%）
意大利	75.00	24.93	0.08
西班牙	73.27	25.83	0.70
葡萄牙	73.22	26.36	0.03
丹麦	73.09	25.07	1.84
荷兰	73.05	20.76	1.05
芬兰	72.01	25.97	1.15
匈牙利	71.53	25.94	1.90
立陶宛	71.34	27.62	0.01
法国	71.25	26.71	2.04
爱尔兰	70.77	23.85	4.51
爱沙尼亚	70.39	28.46	0.22
德国	69.27	28.93	0.55
挪威	68.73	26.56	2.52
土耳其	68.52	30.86	0.00
拉脱维亚	67.59	30.44	1.05
瑞士	67.39	25.80	0.67
美国	67.02	27.44	1.50
英国	66.99	28.32	0.83
捷克	65.47	31.60	0.46
新西兰	65.37	27.62	0.85
瑞典	65.26	29.01	4.11
斯洛伐克	64.80	31.84	0.00
澳大利亚	60.18	35.74	2.49
智利	59.19	30.95	6.62
日本	55.43	42.39	0.24
韩国	51.90	44.66	0.00
哥斯达黎加	48.07	47.35	3.90
加拿大	43.64	36.02	5.65
墨西哥	38.31	40.42	14.62
均值	66.82	28.99	1.86
中国	64.17	29.91	5.92

进一步对我国 2019 年的社会保障和就业支出进行解构（见表 3-5）可发现，其中占比最大的三项分别是基本养老保险基金支出、行政事业单位离退休支出、财政对基本养老保险基金的补助，合计占到当年社保支出的 82.54%。

表 3-5 2019 年我国社会保障和就业支出结构

支出项目	支出金额（亿元）	占比（%）
行政事业单位离退休支出	9687.59	14.02
财政对基本养老保险基金的补助	8633.04	12.50
基本养老保险基金支出（扣除一般公共预算对其的财政补贴）	46825.78	56.02
就业补助	916.17	1.33
失业保险基金预算支出（扣除一般公共预算对其的财政补贴）	1284.15	1.86
抚恤	1067.07	1.54
退役安置	1197.27	1.73
社会福利	843.63	1.22
红十字事业	26.74	0.04
最低生活保障	1453.12	2.10
临时救助	167.99	0.24
特困人员救助供养	344.43	0.50
其他生活救助	109.94	0.16
残疾人事业	650.74	0.94
企业改革补助	159.19	0.23
人力资源和社会保障管理事务	1054.81	1.53
民政管理事务	851.70	1.23
退役军人管理事务	158.41	0.23
其他社会保障和就业支出	1777.74	2.57
合计	69079.33	1

注：1. 数据来源于财政部官网。2. 一般公共预算支出按照类、款、项进行层级划分，社会保障和就业支出属于一般公共预算支出的一类，其内含有多个款，每个款下面又含有多项。为了保证数据的可视化效果，本表仅汇报各款的数据。

通过以上分析可知，2019 年，我国人均 GDP 首次跃上 1 万美元台阶。与

OECD 同一发展阶段的国家相比，我国社会性支出占政府支出的比重及社会性支出的内部结构高度相似。这表明随着经济社会发展到一定时期，政府必须承担的社会服务在内容上具有高度相似性，这也反映出福利国家理论对各国的深远影响。比较而言，我国与同一发展阶段的 OECD 国家社会性支出差距主要在于人均水平低、占 GDP 的比重较低。但是，与同一发展阶段的日本和韩国相比，我国社会性支出无论是人均还是占 GDP 和政府支出的比重都与其相当。这反映出东西方国家在社会结构、政府功能、行政伦理等方面有重大差别。

五 人均 GDP 达到 3 万美元时 OECD 国家社会性支出的特征

根据党中央要求，到 2035 年我国要基本建成社会主义现代化国家，达到中等发达国家水平。一般认为，中等发达国家的人均 GDP 大约是 3 万美元。我们以此为标准，对该发展阶段的 OECD 国家的社会性支出特征进行分析，以为今后一个时期我国社会性支出的发展方向之参考。

（一）2035 年，我国人均社会性支出标准至少应当达到 3000 美元左右

从表 3-6 可以看出，当人均收入达到 3 万美元时，OECD 国家中，人均社会性支出均值为 5865.07 美元。其中，最高的是奥地利（8660.78 美元），最低的是日本（2496.58 美元）。人均社会性支出达到 8000 美元以上的国家有 2 个，7000 美元以上有 3 个，6000 美元以上的有 4 个，5000 美元以上的有 8 个，5000 美元以下的有 4 个。其中，两个东亚国家日本和韩国均在 5000 美元以下。

从社会性支出占 GDP 的比重看，人均 GDP 达到 3 万美元时，社会性支出占 GDP 的比重均值为 20.03%。其中，占比在 25%～30% 之间的国家有 5 个，在 20%～25% 之间的国家有 7 个，在 15%～20% 的国家有 4 个，15% 以下的国家有 5 个。同一时期，日本和韩国分别为 11.9% 和 10.11%。

从社会性支出占政府支出的比重看，均值为 46.64%。进一步地，占比在

50%以上有5个国家，40%～50%的有10个国家，仅有2个国家在30%～40%之间。同一时期韩国为33.39%（日本数据暂缺）。

假定我国在2035年达到中等发达国家水平，社会性支出达到OECD国家的均值，则人均社会性支出要从现在的1114美元提高至5000美元，占GDP的比重要从现在的10.9%提高到20%，占政府支出的比重基本可以保持不变。但如果对标各方面相似结构更高的日本、韩国，则人均社会性支出的目标值大约为3000美元左右，两个比重则基本可以保持不变。

表3-6 人均GDP 3万美元时OECD国家社会性支出情况

国家	人均GDP达到3万美元的时间	人均社会性支出（美元）	社会性支出占GDP的比重（%）	社会性支出占政府支出的比重（%）
意大利	2004年	7022.83	23.82	50.81
瑞典	1990年	5481.75	26.85	—
卢森堡	1990年	5678.56	18.97	—
荷兰	2003年	7014.57	20.54	45.96
比利时	2003年	7752.30	25.06	49.09
新西兰	2007年	6054.45	20.67	53.64
奥地利	2003年	8660.78	26.93	52.53
西班牙	2007年	6783.80	20.90	53.23
希腊	2008年	6655.93	21.57	42.43
爱尔兰	2002年	5233.38	14.86	45.19
丹麦	1994年	5511.64	25.42	43.59
瑞士	1987年	3054.59	13.19	—
法国	2003年	8115.45	28.80	54.07
芬兰	2003年	6939.06	23.89	48.41
挪威	1995年	5472.07	22.47	44.36
美国	1997年	4451.00	14.33	39.55
加拿大	2004年	5557.54	16.10	40.45
英国	2002年	5250.52	17.86	47.24
日本	1992年	2496.58	11.19	—

续表

国家	人均GDP达到3万美元的时间	人均社会性支出（美元）	社会性支出占GDP的比重（%）	社会性支出占政府支出的比重（%）
澳大利亚	2004年	5840.34	17.20	48.87
韩国	2017年	4139.40	10.11	33.39
平均值	—	5865.07	20.03	46.64

（二）2035年，我国社会性支出的结构变化不太大

从结构上看，OECD国家人均GDP达到3万美元时，社保支出占比为66%，卫生健康支出占比为29%，住房保障支出的占比不到2%。与我国现阶段社会性支出结构相比，未来我国社会保障、卫生健康支出可能还有所提高（见表3-7）。

表3-7 人均GDP 3万美元时OECD国家社会性支出的结构情况

国家	社会保障和就业支出占比（%）	卫生健康支出占比（%）	住房保障支出占比（%）
奥地利	74.38	23.96	0.43
卢森堡	72.77	26.04	0.17
比利时	71.68	24.74	0.22
希腊	72.96	26.74	0.30
意大利	73.48	26.11	0.05
西班牙	70.54	27.40	0.87
丹麦	74.04	17.78	2.98
荷兰	64.65	30.94	1.56
芬兰	76.90	19.70	1.19
法国	68.41	27.58	2.85
爱尔兰	59.54	35.47	2.74
德国	69.26	28.90	1.31
挪威	78.61	17.13	0.84

续表

国家	社会保障和就业支出占比（%）	卫生健康支出占比（%）	住房保障支出占比（%）
瑞士	66.81	26.11	0.51
美国	53.67	40.49	1.96
英国	59.29	33.67	5.89
新西兰	53.56	29.48	3.77
瑞典	74.77	21.20	2.24
澳大利亚	65.63	32.15	1.44
日本	57.61	41.32	0.19
韩国	52.26	40.72	0.63
加拿大	43.92	37.90	2.81
均值	66.12	28.89	1.59

六 结论与建议

第一，未来一个时期，我国人均社会性支出有较大的提升空间。 假定2035年我国达到中等发达国家水平，人均社会性支出将从2021年的1362.43美元提高到3000美元左右，年均增长5.8%。

第二，社会性支出占GDP的比重有一定的提升空间。 2021年，我国社会性支出占GDP的比重为10.85%。如果2035年要达到OECD国家的平均水平（20.03%），则每年要提升5%左右。但如果对标日本、韩国，压力将明显减轻。

第三，社会性支出占政府支出的比重可基本保持或缓步提高。 2021年，我国社会性支出占政府支出的比重为35.5%。如果2035年要达到OECD国家的平均水平（46.64%），则每年要提升2%左右。但如果对标韩国，则目前已基本达标。

第四，需要优化社会性支出的内部结构。 2021年，我国社会性支出中社会保障、卫生健康、住房的占比分别为 63.84%、30.44%、5.72%。即使对标 OECD 国家人均 3 万美元时的情况，我国社会性支出内部这三大结构大体上是合理的。但进一步分析表明，需要调整优化社保内部结构，提高增加社会福利、救助、低保方面的支出，加大对无劳动能力群体、农村老年人群体的转移性支付，同时加快行政事业单位离退休人员待遇制度改革。在卫生健康支出内部，也需要增加对一老一小的直接照料支出。适度控制住房方面的支出。

第五，量力而行，尽力而为。 尽管我国社会性支出与 OECD 国家相比，在人均和占 GDP 的比重方面有较大的差距，但同时也要看到，与同一发展阶段、国家与社会相似度更高的日本、韩国相比，我国三项指标与之并没有明显的差距。这表明，各国的国情不同，难以简单类比。但同时也要看到，随着工业化、城市化的不断发展，各国政府对于民众的照顾责任不仅范围大致相同、标准也在不断提高，社会性支出总体上升是一个普遍性现象。我国也不例外，要为此作好准备。

第六，积极推动相关配套改革。 与 OECD 国家相比，我国社会性支出的人均标准和占 GDP 的比重虽然明显偏低，但社会性支出占政府支出的比重已相当接近。原因是我国政府收入、支出占 GDP 的规模在一定程度上低于 OECD 各国。这表明，今后我国社会性支出改革的方向是在提高政府收支占 GDP 规模的基础上，不断加大对社会性支出的总量投入，而这必然涉及财政税收体制的重大变化。因此，需要同步推进相关改革，为加大我国社会性投入创造前提条件。

第四编
市域社会治理与基层社会治理

党的二十大报告指出:"在社会基层坚持和发展新时代'枫桥经验',完善正确处理新形势下人民内部矛盾机制,加强和改进人民信访工作,畅通和规范群众诉求表达、利益协调、权益保障通道,完善网格化管理、精细化服务、信息化支撑的基层治理平台。"

加快推进市域社会治理现代化

宋贵伦[*]

党的十九届四中全会第一次明确提出"要以市域社会治理现代化为突破口和切入点推进社会治理现代化"。党的二十大明确提出"以中国式现代化全面推进中华民族伟大复兴"的目标任务。其中，进一步强调"加快推进市域社会治理现代化，提高市域社会治理现代化能力"，这是重大的战略部署。

一 以市域社会治理现代化为切入点和突破口，是发展规律决定、地位作用使然

一是发展规律决定。 国内外先进经验告诉我们，在现代化建设过程中，无论是经济还是社会，都以市域为切入点和突破口。因为市域市场化、社会化程度相对较高，而省域发展不平衡的问题相对突出，县域发展不充分的问题相对明显。以城带乡发展，以城市群带区域乃至整个国家发展，是基本规律。

二是地位作用使然。 目前，我国城市化率超过60%，已经成为城市化国家。在中国式现代化建设中，市域现代化建设地位独特、作用重要，相对省域和县域而言，更具有空间优势、主体优势、手段优势、集约优势，更易于

---

[*] 作者系北京市委社会工委原书记、北京师范大学中国教育与社会发展研究院教授。

统筹规划、整体协调、调动资源、提高效能，可以更好发挥支柱作用、枢纽作用、平台作用、牵引作用，可以更大力度支撑国家现代化建设、承上启下连接国家与基层、聚合政府市场社会力量、带动乡村发展，是基础工程、系统工程、骨干工程、龙头工程。近几年，全国市域社会治理现代化试点工作已经呈现良好发展势头，取得初步成效。党的二十大提出"加快推进市域社会治理现代化，提高市域社会治理现代化能力"，是全面推进中国式社会建设现代化的战略部署，意义重大而深远。

二 抓住推进市域社会治理现代化的关键环节，就是抓好党的二十大报告关键词的落实

党的二十大报告全面部署了推进中国式现代化的目标任务。其中，关于社会建设有6个关键词：一是健全制度，二是完善体系，三是畅通通道，四是搭建平台，五是构建共同体，六是提升效能。抓住推进市域社会治理现代化的关键环节，就是抓好党的二十大报告关键词的落实。

（一）健全制度

党的十九届四中全会首次明确提出坚持和完善中国特色社会主义13项制度，其中包括有关社会建设的两项制度：一是坚持和完善统筹城乡的民生保障制度，二是坚持和完善共建共治共享的社会治理制度。党的二十大又重申了这两项制度。要坚持以人民为中心的发展思想，坚持服务为先、共建共治共享。党的二十大报告尤其强调坚持在发展中保障和改善民生。这里需要关注的是，2021年，国家发展改革委等21个部委发布《"十四五"公共服务规划》，其在原有基本公共服务和非基本公共服务"二分法"基础上，增加了生活服务分类，将公共服务体系分为三个方面，提出要推进基本公共服务均等化、扩大普惠性非基本公共服务供给、推动生活服务为公共服务提档升级拓展空间，并从统筹规划功能服务设施布局、构建公共服务多元供给格局、提

高公共服务便利共享水平、健全公共服务要素保障体系、强化服务国家重大战略能力等方面，对系统提升公共服务效能作了部署安排。这都是社会服务现代化建设的任务，既包括了均等化的兜底服务、普惠性的扩大服务，也包括了现代化的高品质服务。这就要求在不断加强基本公共服务、非基本公共服务的同时，把现代生活服务当作新的增长点和着力点，要求在完善政府服务的同时，大力加强社区、社会组织、社会企业服务体系和能力现代化建设，不断提高精准化公共服务水平，不断满足多样化公共服务需求。如浙江省杭州市上杭区的购买服务养老、广东省珠海市的"物业城市"，这些经验都值得总结推广，要大力推动社会企业发展。

（二）完善体系

完善中国共产党领导的组织体系、共建共治共享的制度体系、统筹协调的运行体系、科学可量化的评价体系和完备的保障体系等五大体系，总体是把"党委领导、政府负责、民主协商、社会协同、公众参与、法治保障、科技支撑"的社会治理体系落到实处。特别强调要按照党的二十届二中全会要求，把各级社会工作部及其相关机制完善好。设立社会工作部令人鼓舞，笔者作为十五年坚持社会建设实践探索、理论研究，十年坚持为其奔走呼号的一员，感到无比激动、光荣和自豪。设立社会工作部有6个显著特征和重要意义：一是大格局。"全面不全面，尤其看社建。"这是党中央全面推进"五位一体"总体布局、协调推进"四个全面"战略布局的重大决策。二是升级版。这是对北京等地十几年体制改革创新实践的总结、完善、提升、推广。三是高规格。部与委的不同是系统性与综合性的不同。社会工作部与组织部、宣传部、统战部等党的主要职能部门相并列，充分体现了全面加强党的统一领导的指导思想。四是全覆盖，社会工作部的主要职能涵盖了社会领域党建工作、信访工作、社区建设、社会组织建设、社会工作者队伍、志愿者工作等方方面面，纵向到底、横向到边。五是抓统筹，社会工作部作为党的统帅部门，主要是抓统筹规划、政策制定、综合协调、整体推进，将归口管理党群、政府、社会各相关部门和单位。六是有空间。随着时间推移，应该会有更多的社会工作职能纳入。这样一个科学的顶层设计，是社会建设体系优化创新的里程碑，是坚持和完善中国特色社会主义制度的具体体现，为全面推进中国式社会建设现代化提供了体制保障。

（三）畅通通道

党的二十大报告指出："在社会基层坚持和发展新时代'枫桥经验'，完善正确处理新形势下人民内部矛盾机制，加强和改进人民信访工作，畅通和规范群众诉求表达、利益协调、权益保障通道。"这是加强和创新社会治理、落实全过程人民民主、构建社会主义和谐社会的关键环节。这也是把信访局划归社会工作部管理的依据所在。党中央推广的北京市关于"党建引领、街乡吹哨、接诉即办"的经验，也是畅通和规范社会治理通道的有益探索，要进一步巩固发展。

（四）搭建平台

党的二十大报告指出，要"完善网格化管理、精细化服务、信息化支撑的基层治理平台"。这是加强基层社会服务、完善基层社会治理、推进市域社会治理现代化的基本保障。在基层，社会服务不精准、社会管理不精细，很重要的一个原因是平台不健全、没能很好地发挥作用。现在网格化有"鸡肋"趋势，要与时俱进，实施"网格化＋"工程。精细化服务要抓住"一刻钟社区服务圈"建设不松手。信息化支撑主要是坚持全面覆盖、多网融合、一体运行。

（五）构建共同体

党的二十大报告重申"建设人人有责、人人尽责、人人享有的社会治理共同体"。这是基础性工程。要形成"党建引领、五社联动"机制，形成"1＋5＋N"基层社会治理新格局。"1"是以街道（乡镇）为主导，建立健全区域党建和地区社会治理工作体系，形成"党建引领，街道（乡镇）吹哨、部门报到"社会治理工作机制，不断加强综合协调。"5"是在社区党组织引领下，推动社区居委会、社会组织、社会企业、社会单位与社区居民五社联动，共建共治共享。"N"是综合运用有关政治、法治、德治、自治、智治、心治等方式方法，不断推动基层社会治理创新实践。

（六）提升效能

党的十九届四中全会明确指出，要把我国制度的优势更好地转化为国家治理效能。党的二十大强调"提升社会治理效能"，尤其要有针对性。社会治理事关国家长治久安、人民幸福安康，要着眼国家治理全局，不断提升社会治理效能，不断增强广大人民群众的获得感、幸福感、安全感。首先，提升社会治理效能要坚持"五个工作导向"：一是坚持问题导向，不做表面文章，抓紧补短板、强弱项、堵漏洞；二是坚持需求导向，大兴调查研究，切实解决广大人民群众急难愁盼问题；三是坚持目标导向，立足当前、面向长远，一件接着一件办、一年连着一年干；四是坚持创新导向，创新体制机制、体系路径、方式方法；五是坚持效能导向，在加强和创新基层社会治理中求实效。其次，提升社会治理效能要提高"六个能力水平"：一是提高系统化能力水平，加强综合协调；二是提高社会化能力水平，完善志愿服务制度和工作体系；三是提高法治化能力水平，完善社会政策法规；四是提高智能化能力水平，加强智慧社会建设；五是提高专业化能力水平，加强专业化专职化社会工作者队伍建设；六是提高精细化能力水平，切实增强广大人民群众的获得感、幸福感、安全感。其中，加强未来社区建设，巩固发展社区工作者专业化、专职化成果，推动社区购买服务，完善评价体系等都是重要环节。比如，2018年底，中共中央办公厅、国务院办公厅印发的《关于建立健全基本公共服务标准体系的指导意见》中，从9个方面对国家基本公共服务质量提出了要求，包括公共教育、劳动就业创业、社会保险、医疗卫生、社会服务、住房保障、公共文化体育、优抚安置、残疾人服务。又如，国家"十四五"

规划提出，每万人以上社区要配 18 名以上专职社区工作者等。

总体而言，党中央把社会建设放在更加突出的地位，始于党的十七大，发展于党的十八大、十九大，成于党的二十大。在全面推进中国式社会建设现代化的新征程上，要抓住推进市域社会建设现代化的关键环节，抓好党的二十大精神的贯彻落实。

鼓励和引导治理型社会组织参与的建议

朱 瑞[*]

随着经济快速发展和社会结构变化,社会组织作为重要的治理主体,已经成为社会发展中不容忽视的力量,在促进政府职能转变、优化公共服务供给、发展公益事业、化解社会矛盾等方面发挥了积极作用。当前我国社会组织总体数量庞大,组织形式多样,活动领域广泛。2022年民政部相关数据显示,我国登记社会组织已超过90万个,这个数量是新中国成立初期社会组织的2万倍、改革开放初期的150倍。目前在高质量发展与监管同步的政策环境下,社会组织从"多不多""快不快"向"稳不稳""好不好"转变,从注重数量增长和规模扩张向领域更加细分和更加专业转型。北京师范大学中国社会管理研究院"加快推进市域社会治理现代化研究"课题组前往北京、安徽、江苏等地调研,发现承担着矛盾纠纷化解、重点人群服务管理、社会治安防范、法治宣传等任务的社会组织被人们称为治理型社会组织,这一概念及其业务范畴引起了课题组的关注。

一 治理型社会组织的内涵及其重要性

什么是治理型社会组织?从实践上来看,它是在国家安全整体部署下开

---

[*] 作者系北京师范大学中国社会管理研究院副院长。

展基层社会治理的产物,作为政府辅助力量,以基层社会矛盾调处、群众纠纷化解、公共安全维护、法律制度宣传、特殊群体帮扶为主要业务,以维护社会秩序和保障人民群众安全为目的的一类社会组织,有社会团体、民办非企业单位以及基金会等多种形态。从词义上来看,治理型社会组织与服务型等其他类型社会组织的主要区别在于其"治理型"的特点,即更加强调多元治理主体之间共建共治和安全管理的功能特征。从意义上来看,加强治理型社会组织建设是落实国家战略安排及满足现代社会发展需要的基层实践重要举措。

落实国家战略安排。 党的二十大将完善社会治理体系纳入总体国家安全体系和能力现代化架构之中。习近平总书记在报告中指出,国家安全是民族复兴的根基,社会稳定是国家强盛的前提,完善社会治理体系,建设人人有责、人人尽责、人人享有的社会治理共同体。这些论断不仅把国家安全与社会治理凝结为一体,更是从构建社会治理共同体角度,提出了多元主体共建共治深入推动平安中国建设的要求。社会组织是社会治理的重要主体之一,多年来无论政策界还是实践领域,大多以培育枢纽型或服务型社会组织为重点,忽视了治理型社会组织的存在及其意义和价值。治理型社会组织和以为民提供公共服务为重点的服务型社会组织相比,更偏向于依托社会力量进行公共安全管理,包括预防民生的安全隐患,防范社会公共危机,回应群众利益诉求,满足人民群众动态安全需求等。党的二十大明确要求把社会治理放在国家安全战略布局下推进,这就需要更加突出社会治理的管理特性和维护安全稳定的功能。随着公共事务的日益增多和人民群众的诉求日益多元,政府力量的局限性日益凸显,作为治理主体之一的社会组织应该成为政府的补充力量,特别是要发挥以维护社会安全稳定为己任的治理型社会组织的力量,唯有如此才能服务好国家关于国家安全、平安中国建设的战略部署。

满足现代社会发展需要。 习近平总书记指出:"社会治理是一门科学,管得太死,一潭死水不行;管得太松,波涛汹涌也不行。"一个现代化的社会,应该既充满活力又拥有良好秩序,呈现活力和秩序的有机统一。当然,安全永远是第一位和底线，秩序是活力的前提。和对基层社会秩序的重视程度相比，人们对基层活力的关注度明显不足，特别是在激发社会力量参与维护安全稳定方面更是薄弱。人们普遍认为安全防范是政府的职责，殊不知政府面对公共安全事务增加和人民群众诉求多样化以及政府自身机构精简的多重矛盾和压力，其资源和力量也是捉襟见肘的。政府迫切需要激活社会活力，依托专业性社会组织力量承担越来越多的治理任务。治理型社会组织在功能定位上具有安全管理即秩序的特征，其作为社会组织本身就代表了活力的一面，因此它是秩序与活力的统一体。换言之，作为一支以维护社会安全稳定为己任的专业社会力量，治理型社会组织是协助政府满足基层社会和人民群众需求的重要力量，有责任和义务参与到治理供给中来，为基层社会秩序和活力贡献智慧和力量。

二 治理型社会组织建设现状

文献研究发现，无论是国内外学理研究还是政策文本，对社会组织及其类型概念的研究相当丰富，但是对治理型社会组织的研究较为少见，几乎没有与之相关的定义。然而治理型社会组织广泛活跃在我国基层社会，协助政府保障着基层社会安全稳定，特别是近年来在中央关于国家安全及平安中国建设整体部署下，全国各地开拓创新、积极探索，培育并引导治理型社会组织有序参与基层社会治理。

比如，有些地方出台《关于鼓励和规范社会组织积极有序参与社会治理的意见》，将适合由社会组织承担的矛盾纠纷化解、重点人群服务管理、社会治安防范等平安建设任务纳入政府购买服务目录；有些地方制定《关于加强全市群防群治工作的意见》，推动组建社会组织和治安联防队伍，引导社会组织参与群防群治；有些地方投入资金，建立孵化基地，委托专业机构以学习培训、公益创投等形式培育治理型社会组织；有些地方的治理型社会组织针对涉罪未成年人等重点青少年群体，整合青少年心理咨询师、普法志愿者等力量积极开展青少年权益维护活动；有些地方的治理型社会组织为服刑人员未成年子女提供学业辅导、兴趣培养和心理疏导等关爱服务；还有些地方为帮助群众解决矛盾纠纷，自发组织"金牌调解员"志愿服务队等。

各地关于治理型社会组织的创新性做法，有力地维护了社会秩序，保障了基层社会安全稳定，服务了特殊群体需要，提升了人民群众的获得感、幸福感和安全感。例如，芜湖市2020年吸收基层社区、物业公司人员近1000人组建平安信使志愿服务队，累计报送有效信息800余条，多次为公安机关破获贩售毒品、寄递违禁品及野生动物等案件提供信息，协助抓获2名逃犯。其下辖弋江区组织"金牌调解"队伍承接物业纠纷调解工作，培育了乐帮物业纠纷调处中心，近3年来共受理案件630件，调解成功360件，成功率达57.1%。

三 加强治理型社会组织建设的建议

提高认识，重视这一新类型。 将广义的社会组织进一步细分，将有助于精准把握治理型社会组织与其他社会组织的关系以及其在整个社会发展中的功能定位。通过以上分析不难看出，治理型社会组织对于服务国家战略、保障基层社会安全稳定及构建秩序与活力相统一的现代社会有重要价值和意义。值得注意的是，这一类型的社会组织来源于我国基层实践，是我国基层社会和群众的自主创造，具有中国特点，符合中国地方实际，对于构筑中国自主知识体系和理论体系，发展马克思主义中国化理论具有深刻意义。因此，要从思想上提高对它的认识，从中央层面高度关注和重视这一社会组织新类型，组织专家力量考察调研，对其概念内涵与外延、价值意义、经验做法和实际效用进行科学论证和评估，进一步验证其政策价值和现实意义，推动治理型社会组织在全国范围内规范化运行。

将现有的以维护社会安全稳定为己任的社会组织纳入治理型社会组织范畴，给予政策支持和引导。 治理型社会组织实际上伴随着我国社会组织发展而广泛存在于基层社会，比如群防群治的自组织、见义勇为基金会、蓝天救援队、反邪教协会、矛盾纠纷多元化解中心、未成年保护协会等。因此，应在深入调查和论证基础上，从国家安全高度，以各级政法委为牵头单位和推动单位，给予政策支持和引导；鼓励根据自己实际情况制定专门的政策措施和行动方案，让培育和监督双管齐下、发展和引导双轮驱动的治理型社会组织有序参与到基层社会治理中，使其发挥政法工作的助手、基层社会的代言人、人民群众的心声等作用，把更多的智慧和力量吸纳到维护基层社会安全稳定中来，形成多元主体共建共治共享的社会治理新格局。

网格化模式的发展

高建武[*]

网格化模式作为新时代国家治理体系和治理能力现代化的抓手,被社会各界广泛认同,同时随着人们对这一模式的认识提升,网格化模式在更广泛的领域得到应用。

2004年,北京市东城区首创了网格化管理模式。这一模式是在时任区委书记陈平同志带领下,举全区之力完成的。2013年,党的十八届三中全会正式将网格化纳入国家的战略布局中,明确指出"以网格化管理、社会化服务为方向,健全基层综合服务管理平台,及时反映和协调人民群众各方面各层次的利益诉求"。随后,网格化模式得到了巨大的发展,全国构建起了"省、地、市、县、乡"五级网格平台和机构体系,并且有了"网格员"这一新的职业。可以说,网格化模式的理论与实践在全国各地蓬勃发展,呈现"理论体系初具形态,实践应用显著有效""经典案例不断涌现,创新模式百花齐放"的喜人局面。党的二十大报告、十四届全国人大一次会议和"十四五"规划提出要求,完善网格化管理、精细化服务、信息化支撑的基层治理平台,健全城乡社区治理体系,及时把矛盾纠纷化解在基层、化解在萌芽状态。在中央层面的大力推动下,网格化模式将为我国社会治理现代化发挥更加重要的作用。

---

[*] 作者系中国通信工业协会网格化分会首席专家。

一　网格化模式开启了中国数据治理的先河

网格化由中组部、政法委、民政部、住建部系统管理，成为国家治理能力和治理水平现代化的重要抓手。笔者认为，网格化模式是由"网格＋化＋模式"组合而成的，它的技术基础就是网格。网格是基于地理信息系统、现代通信系统、计算机系统和业务系统形成的，把这些技术整合到网格平台上。技术包括网格地图、网格计算、网格思维、网格通信。通俗地说，这个"化"就是政府几十个职能机构的业务整合。将这些业务整合到网格化平台上，就构成了网格化的技术底层数据集。数据集包括：城市部件的数字化，城市管理7大类101个小类、853细类的数字化，每个城市部件都有了数字化的14位代码；城市事件的数字化，分为大类、小类、细类，每个事件有了18位代码。同时，通过对这些管理部件和事件的确权，开创性地实现"七步闭环"的流程再造，解决了政府工作"开环管理"的弊端，实现了"监督回流"提升水平的作用。整个管理范围都是通过现代数字技术完成的，完成的每一个案件是基于网格地图的技术思想、由多种现代数据信息技术的整合平台构成的。在业务整合中，每一条业务都是数字化的呈现，每一个案件都是完整的不得篡改的数据证据链，平台上运行的都是基础数据、动态数据和问题数据，每一个业务的成果都有数据支撑，都用数据呈现，实现了在治理领域"用数据说话、用数据管理、用数据决策、用数据创新"的目标，所以说，网格化模式开启了中国数字治理的先河。

中国地理信息系统之父陈述彭院士说，"这是世界上最先进的主流系统"，中国计算机领域的崔俊芝院士说，"这是运用多种数字技术创新城市管理的新模式"，中国管理学领域的院士李京文说，"这个模式其他城市可以学习借鉴"。大屏幕上不断跳动的数字显示着老百姓身边一个个问题得到快速解决，政府部门工作人员的问题得到高效标准的解决。领导在大屏幕前即对负责的工作事项一目了然，对工作内容进展情况一目了然，对每一个员工的工作情况一目了然,对上级对自己部门工作的评价一目了然,对自己工作部门存在的问题和不足一目了然。他们兴奋地说,这是政府信息化项目中见过的唯一落地的项目。这个项目传到国外引起了广泛关注,比尔·盖茨说"这是世界级案例"。

这个模式为我国政府提供了系统性、完整性、整体性的数字化解决方案和范式。我国各领域依照此原理,将社会管理、社会服务、公共服务的事项数字化、编码化、平台化,实现了业务的数字化改造,提高了员工的责任意识和工作效率,取得了很好的成效。在教育、卫生、科技、环保、消防、公共安全等领域,网格化模式在我国得到了巨大的发展,特别是在疫情防控中发挥了重要的作用。网格化模式为我国数字化的管理和服务提供了手段。党的二十大报告和"十四五"规划要求,完善网格化管理、精细化服务、信息化支撑的基层治理平台,健全城乡社区治理体系,及时把矛盾纠纷化解在基层、化解在萌芽状态。网格化模式将为我们国家的治理能力和治理水平的提高,提供一种强有力的支持方式。

二 网格化模式是新时代以人民为中心理念的落地实践

习近平总书记说,"人民对美好生活的向往就是我们的奋斗目标"。网格化模式的发展证明了这点,过去我们党和政府提出"全心全意为人民服务",网格化模式的发明人、北京市东城区委书记陈平最早定位,"网格化模式要践行人民城市人民管,管好城市为人民的理念",网格化模式的发展历程证明了这一点。时代在发展,我们提出了"以人民为中心",这正是全心全意为人民服务的现实要求。网格化模式的发展也证明了这个论断。

网格化模式1.0阶段(2004—2009年)即"城市管理阶段",集中解决的是群众身边的环境卫生和环境秩序的问题。成立了全国第一家正处级的行政机构——北京市东城区城市管理监督中心,之后由建设部牵头在全国推广,人民政府主动作为,聘请群众身边的下岗失业人员担任城市管理监督员。他们充当城市管理的"侦察兵",代表人民监督政府的城市管理工作,发现城市管理方面的问题,立即上报,通过系统流程和平台,督促有关部门积极作为,并对其工作质量和效率进行考核评价,人民群众的主人翁地位得到彰显,党和政府的威信得到提升。网格化模式运行第一年,城市管理方面的信访案件降低了20%左右。

网格化模式2.0阶段(2009—2014年)即"社会管理阶段",集中解决的是"群众的安全感、幸福感和参与度"的问题。成立了北京市东城区社会服务管理综合指挥中心。这个阶段是在全国综治委的推动下,按照网格化模式的原理,由25个部委联合研发了"9+X"国家的数据标准、综治中心建设和管理规范标准、城乡社区网格化服务管理规范,规范了社会服务管理的人、地、事、物、情、组织六大类的基础数据,使得我国社会管理方面的事项实现数字化、精准化、系统化,为社会治理提供了信息化的工具。全国网格化模式的体系不断完善,各地网格化服务管理水平和能力得到提高,人民的安全感和幸福感得到提升,这个时候产生了一个词——网格员。

网格化模式3.0阶段(2014年至今)即"社会服务管理阶段",解决的是"环境更美好、办事更方便、生活更舒心"。北京市社会工作委员会主抓"多网融合"工作,将城市管理、社会管理、公共服务、综合执法等网格化平台业务整合,实践党的十八届三中全会提出的,"以网格化管理、社会化服务为方向,健全基层综合服务管理平台,及时反映和协调人民群众各方面各层次的利益诉求"的目标。东城区成立了网格化服务管理中心这一正处级行政单位,以解决人民群众身边的操心事、烦心事为目标,发挥了积极的作用。这一时期,时任北京市委书记蔡奇对网格化平台和网格化体系大胆进行改革,整合政府服务热线,把民众诉求统一在"12345",将"信访、政务服务,网格机构"能力进行整合,大力推进"街乡吹哨,部门报到""接诉即办"改革,优化政府机构的人员统筹管理,特别是"书记抓,抓书记"的机制,为网格化模式为民情怀的发展发挥了重要的作用,取得了重大成功。当前,网格化模式承载了"党委领导、政府负责、民主协商、社会协同、公众参与、法治保障、科技支撑,建设人人有责、人人尽责、人人享有的社会治理共同体"这一治理的任务,更是以人民为中心理念在网格化模式中的重要实践和主要任务。

近期,中央提出了党建引领基层治理的要求,网格化模式将伴随着数字技术的发展不断发展,网格化模式要从"全心全意为人民服务"发展到新时代"以人民为中心"的任务和使命。预计网格化模式4.0将使政民良性互动达到新水平,最大限度应用信息通信技术,通过网络空间与物理空间(现实空间)的融合,带给人们共享便捷和"超智慧社会"的美好生活,实现"服务5A式,管理五统一"的目标。

三 建立网格员发展和网格化机构规范是当务之急

网格化模式的发展催生了一个行业,也形成了一个新的职业,网格化模式的从业人员是数字化时代掌握先进技术手段和从事治理工作的专门人才。2020年6月28日,人力资源社会保障部、市场监管总局、国家统计局联合发布了"城市管理网格员"在内的9个新职业。2022年6月27日,《城市管理网格员国家职业技能标准(2022年版)》发布,全体网格员为之欢呼雀跃,这一职业编码也改为3-01-04-02。这个职业分为"初级、中级、高级、技师"四个等级,现在教材已经编写完毕,国家技能标准题库也已经完成,各地已经开始进行职业技能的培训和等级的认定。城市管理网格员的学科体系建设正在进行,学科编号为120405。可以说,网格员的工作前景广阔。

网格化治理模式的发展离不开全国数百万网格员。这是一个庞大的群体,是开展网格化社会治理的重要力量,推进全国网格化人才队伍"专业化、职业化"已经是各方面的共识,网格员政治素质、职业归属、职业能力的提升是当务之急。2022年1月,中央组织部、中央政法委、民政部、住房城乡建设部联合印发的《关于深化城市基层党建引领基层治理的若干措施（试行）》指出，加强党建引领网格管理，提升社区精细化治理、精准化服务水平；要求合理设置社区网格，一般以居民小组或住宅小区、若干楼院为单元划分社区网格，每个网格原则上覆盖300～500户，特别明确了一个网格应配备一名专职网格员。把党建和综治、民政、城管、信访、市场监管、卫生健康、应急管理等各类网格统一整合成"一张网"。建立健全信息收集、问题发现、任务分办、协同处置、结果反馈工作机制，推行"群众点单，社区派单，党员接单"模式，做到"民有所呼、我有所应"，网格员的能力素质水平将直接影响治理的效果。

发展网格化模式当前应当解决如下问题。一是"城市管理网格员"新职业的称谓会对这个职业工作人员产生误解，建议将职业称谓改为"网格员"使其名副其实。二是网格员应当是网格化模式的从业人员，不仅仅是基层信息采集人员。他们是围绕网格化模式数据平台开展工作的人员，应当有五个工种才能完成网格化的工作，包括网格信息采集员、网格平台操作员、网格数据分析员、网格系统维护员、网格管理员。三是尽快开展网格员专业的学科体系建设，结合网格化模式的技术、理论和实践，开设地理学、编码学、社会学、行政学、政府管理学、数据科学与技术、计算机技术、网格化方法论、网格化管理服务、大数据技术、云计算技术、物联网技术、5G技术等课程，沿用城市管理网格员本科层次的编号（120405）。四是出台加强网格化人才队伍建设的政策文件，对网格员的招聘、选拔、晋升、培训、绩效、荣誉等进行规范，指导全国网格化人才的建设。五是当前网格化模式的机构设置比较混乱，按照中央提出的，把党建和综治、民政、城管、信访、市场监管、卫生健康、应急管理等各类网格统一整合成"一张网"的规定，应尽快将各地网格中心的名称进行规范，建议将依托网格平台工作的综治中心、城市管理指挥中心、为民服务中心、信访接待中心、治理中心、统一整合为"网格化服务管理中心"，由各级党委政府统一领导。

探索建立"三治协同"乡村治理模式

王海侠 *

2015年，中组部、农业农村部等6部委联合批复了115个县级乡村治理体系建设试点单位，鼓励新时期乡村治理的经验创新。北京师范大学中国社会管理研究院的乡村振兴研究团队，立足于当前农村发展所处阶段、集体产权制度改革、乡村治理主要问题，提出探索建立"新型集体经济基础上'三治协同'乡村治理模式"的建议，以深化和落实乡村治理的"三治结合"，助力农村振兴的进程。

一 增加集体经济维度、适时调整乡村治理结构

当前，我国农村大部分地区正在经历"二次飞跃"，从分散的家庭经营向适度规模经营和集体经济的过渡不断加速，经济基础的这一深刻变革要求乡村治理结构必须适时调整。现有乡村治理可概括为"乡政村治"，其村级治理结构以"两委制"为特征。村党组织践行党的领导、落实"党务"工作，村民委员会是民选的自治组织、履行准行政职能，落实"村务"工作。"两委制"不存在明确的治理领域区分，仅为"党""政"工作主线区分，不断衍生出"两委"矛盾和"混混治村"等治理问题。

---

* 作者系北京师范大学社会学院副教授。

"两委制"已不适应新时代的治理需要,但盲目推进"一肩挑"又面临法理障碍、权利监督不到位和群众代表性缺失的问题。跳出既有框架,探索新的替代性治理结构是当下乡村治理的当务之急。建议在乡村治理的主体结构上作创新,将既有的"两委制"转化为"三部门制"。增加经济组织维度,以使新型集体经济组织、村委会和村支委分别对应乡村治理中的经济治理、社会治理与政治治理。凸显村社集体经济治理维度,再以经济治理为主轴用"结构-功能"法则整合其他治理主体与治理职能,实现党委领导下的"三治协同"增效。

新型集体经济组织的董事会,适用集体经济组织选举规章,个人收入和股权收入与村集体经济经营效益挂钩,不与财政补贴与转移支付收入挂钩;村民委员会适用《村民委员会组织法》,回归村民自治与服务功能,收入以财政补贴为主,实行准公务员管理,兼职与专职视各地情况而定;村党支部委员会由党内选举,收入由中央使用党费支付(部分奖励与集体经济发展成果挂钩),可以异地调任或结合第一书记及驻村工作队委任,任命时参考村内民主意见,但隔级党委保留任命权,落实有效的民主集中制。治理结构及治理职能转化如下图所示。

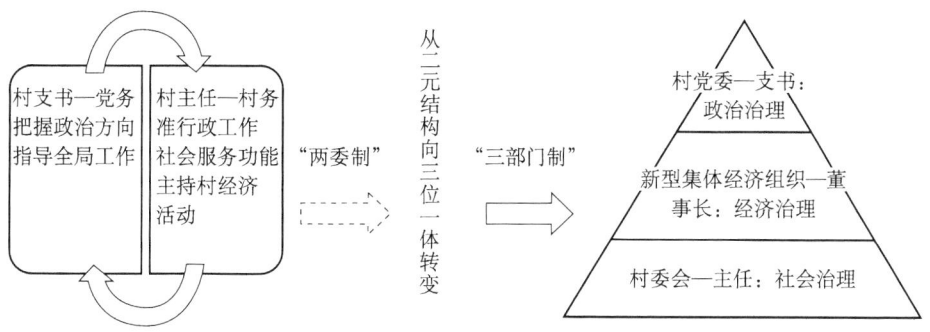

图 4-1 乡村治理结构从"两委制"向"三部门制"转变

新型集体经济体制不是旧制度的复归,而是社会主义市场经济向纵深发展的结果。在设计新型集体经济组织体制时应充分考虑各集体经济组织的基础条件和发展阶段。应首先区分集体经济组织中的经营性资产与非经营性资产，不同的村社因不同的区位优势、资源禀赋和人力资源状况而具备差异性的集体经济发育基础。一般来说具有较多经营性资产的集体经济组织与不具有或较少具有经营性资产的集体经济组织，其组织定位与功能应有差别，其对应的治理结构也应灵活调整。目前亟须调整具有经营性资产与潜力的集体经济组织的治理结构，治理结构的调整与"政经关系"的理顺将为壮大集体经济和加快城乡要素流动赋能增效。

二 探索"三治协同"的乡村治理模式

"三治协同"的治理结构，其要义是有效区分原本混为一谈的各种治理功能，关键在于剥离村委会的经济职能，将经济功能转移给新型集体经济组织。目前我国大部分村社正启动或已完成"清产核资"工作，并成立"村社股份经济合作社"，可以考虑用村集体股份经济合作社代行原村委会的经济功能。增强合作社的经济功能、弱化和剥离村委会的经济功能，让村委会回归单纯的准行政类工作和社会服务工作，以实现经济、社会与政治三种治理主体与治理职能的再整合与规制。具体而言三个治理主体应为：农村基层党组织（村支委）、村民自治组织（村委会）和村集体经济组织（村集体股份经济合作社）分别对应政治治理、社会治理和经济治理三项职能。

1. 农村基层党组织（村支委）履行政治治理职能和价值统合功能，实现党对农村工作的全面指导。具体职能由村党委行使，治理目标是加强党的领导、统合治理主体、达成"三治协同"增效，不再直接插手经济和社会治理事务。

2. 村民自治组织（村委会）履行社会治理功能，代表群众表达意愿、监督各权力主体与经济主体运行、承担农村社会公共服务功能。具体职能由过去的村委会行使并接受审计，治理目标是用好集体经济盈利和政府各项转移支付收入，可用村民满意度和资金使用效率对其进行考核。

3. 村集体经济组织（村集体股份经济合作社）履行经济治理功能，壮大村集体经济、带动村民致富，提升村社的市场经济活动能力、促进城乡要素资源公平有序流动。村级经济治理职能由集体经济组织/公司（可公司化运作）行使并接受专门审计，治理目标是用好集体经济经营性资产、作为营利性市场竞争主体参与市场竞争并实现组织/公司利润，在实践中探索"新型集体经济的公司治理"模式。

在深化农村改革和壮大集体经济方面，需借鉴各地培育集体经济经验，着力培育有集体经营性能力与条件的新型集体经济组织试点。采取"建强基层组织、健全制度措施、盘活资产资源、加大扶持力度、注重示范引领"5项措施发展壮大村级集体经济，建立县级常态扶持与监督机制。

对于集体经济组织的带头人需采用选优配强原则，可在村内遴选、也可跨村选用，突破村级人才不足的瓶颈。在试点村中可采用对比实验法，使新"村三职"（村股份合作组织董事长、村支书、村主任）能够交叉任职，但并非都是一肩挑，而是尝试多种组合与配置，以因地制宜和因时制宜为原则，探索三肩挑（虽不建议但目前却是最普遍的情况）、村支书兼任董事长或村支书不兼任董事长但兼任村主任等组织形式，继而观察不同组合形式下"三治协同"的实践效果与存在问题。

三 以"三治协同"落实"三治结合"的治理要求

建立健全"三治协同"的乡村治理结构是一个系统工程，只有紧紧牵住新型集体经济组织发育壮大这个"牛鼻子"，才能彻底走出农村社会治理低效的怪圈。因为，在新的"三治协同"厘清之前，虽然可以推行"村民"普选，但由于治理格局不清晰，使得村委会（村主任）成了权力寻租的跑马场，在错综复杂的村社人情与家族结构和利益分配诱使下，乡村选举长期低效、很难选优。村委会作为自治组织也很难承担起代表民意和服务群众的功能。而在"三治协同"厘清后，就可以实现真正的"普选"——村民可以在集体经济主要负责人的选择上充分行使普选权利（甚至不限于选择本村村民），因为考核绩效目标明确，只是经营好企业、壮大集体经济，并接受严格的公司审计，所以村民的意见可以充分表达；而村委会也因此可以进行"普选"，由于其职能只是负责集体的社会支出并接受监督，不再有过多的权力和资源，故而村委会就真正回归了自治与服务职能；进而村党委的选举才能纯洁化，改善村级入党长期被把持和干涉的情况，不掺杂过去村"两委"选举时所顾虑的利益因素，从党性和党员标准出发，村民依靠民主监督选出符合群体期待和党员标准的候选人。因此，也就有望解决过去村两委选举的问题。

基于新型集体经济发育基础上的"三治协同"将一定程度扭转村级"等靠要"上级政府补贴和中央转移支付才能过日子的状况。"三治协同"能够厘清各方职能与利害关系，新的权责关系将增进村社内生经济动力、促进治理成本的内化和提升涉农资金的使用效率。促成乡村治理的自我经济造血能力是未来发展的方向，也是孕育乡村内部金融机制创新，实现城乡要素的公平流动的根基。

这种以新型集体经济创生而带动的乡村治理有机结合、协同增效的"三治协同"，又对应着新时代乡村治理"三治结合"的理念与方式：即"自治"对应基层社会治理的内在原则，由村委会行使，体现民权；"法治"对应基层经济治理的内在要求，由新型集体经济组织行使，体现法权；"德治"对应基层政治治理的价值导向，由党组织行使。新时代的德治不再是简单的传统文化和道义的复归，而是在社会主义核心价值观和政党政治理论与理念体系涵养下的社会主义新道德观。

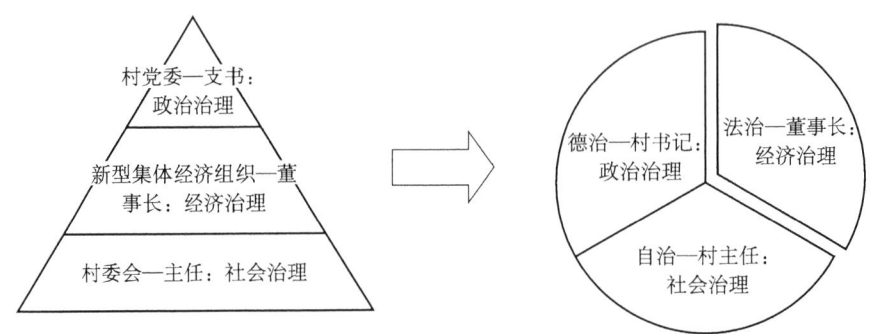

图4-2 以"三治协同"深化乡村治理的"三治结合"

概言之,在农村集体经济产权改革的基础上,以新型集体经济组织发育为契机,调整既有的乡村治理二元结构,实现乡村治理中的社会治理、经济治理与政治治理"三治协同"发展,这三个领域的治理又正好恰合"自治、法治、德治"的国家乡村治理取向,"三治协同"可以深化和落实"三治结合"的有效实现形式,使"自治、法治、德治"落地生根。

老旧社区协同治理

李振锋 *

城市处于现代社会结构的重心,其社会治理的进展和成效关乎着治理现代化的实现。社区作为城市社会的组织和运转中最小的构造单元,是城市基层社会治理创新的基础,是城市治理能力和治理体系现代化的直接负载单位,是创新和兴盛城市基层社会治理的基础构成。近年来,在共建共治共享的社会治理思想下,中国城市社区治理研究以复合治理和参与式治理理念为引领,化解社区治理中残存的碎片化现象,[①] 构建多元主体协同合作的社区治理结构和开放多元的社区治理体系,以技术创新突破社区治理中的双重困境。[②] 社区治理目标的达成需要治理议题利益关涉方的积极参与和有效协同。社区居委会、业主委员会、物业公司是社区中的常规力量,政府部门、社会工作组织和治理工程实施方是社区治理的介入力量,市场企业和公益类组织是有益补充力量,三种力量多个主体之间的有效协同关乎社区治理工作的开展和成果的取得。我国社会治理面临的新形势及治理方式的实践选择已经比较明确,[③]

---

* 作者系战略支援部队信息工程大学讲师。
① 李斌:《迈向"共建共治共享"的中国社区治理》,《中南大学学报》(社会科学版)2018年第6期。
② 郑杭生、黄家亮:《论我国社区治理的双重困境与创新之维——基于北京市社区管理体制改革实践的分析》,《东岳论丛》2012年第1期。
③ 郑杭生、黄家亮:《当前我国社会管理和社区治理的新趋势》,《甘肃社会科学》2012年第6期。

在城市发展经历长时段大规模拆建之后，社区治理已经出现由增量转向存量的迹象。老旧社区改造的更新需求凸显出来，[①] 成为城市基层治理的重要内容。

如何激活社区治理中的参与力量并开展有效的协同合作，探索城市老旧社区改造的合宜路径，切实解决城市基层问题，补齐社区治理短板，是新时代亟待研究的紧要问题。根据城市社会治理工作的进展规划，广东省 H 市在 2019 年政府工作报告中提出以"绣花功夫"改造升级老旧社区、城中村，积极推进背街小巷"微改造"和城郊接合部综合整治。这一城市基层治理思路既契合 H 市社会治理的现实需求，也合乎现阶段国家关于城市社区治理的新要求。[②] H 市将老旧社区治理视为一个生态系统，以民政局为组织协调部门，政府、市场和社会三方主体在明确自身角色和地位的基础上，发挥应有的主体功能和作用，形成参与和协同社区治理的合力。[③] 老旧社区微改造是以存量治理空间激发促进社会治理发展的新动能，也是借助专业社会组织联结社区治理协同力量的新路径。[④] "惠民空间"微改造项目的开展，不仅是以拆建方式为主要治理形态的大时代的标志，冲破了社区治理行动中治理力量参与缺位的阻滞，[⑤] 而且将多元主体社会协同治理的理念实行于老旧社区公共空间改造的实践之中，是正确处理新形势下人民内部发展不平衡不充分矛盾的一种有效治理路径。

[①] 李振锋、张弛：《城市社区治理中的虚拟社群参与——基于对城市更新中虚拟民众组织的考察》，《治理研究》2020 年第 4 期。

[②] 李克强总理在 2020 年 4 月 14 日主持召开的国务院常务会议上，确定加大城镇老旧小区改造力度，推动惠民生扩内需；同月 4 月 17 日召开的中共中央政治局会议明确提出要积极扩大有效投资，实施老旧小区改造，加强传统基础设施和新型基础设施投资，指导各地统筹负责，按照居民意愿，推进改造项目有序实施，完善小区长效管理机制。

[③] 吴成峡、张彩云：《社区治理主体的角色认知与功能再造》，《江汉论坛》2018 年第 7 期。

[④] 王健、王立鹏：《城镇老旧小区改造：抗"疫"复产期经济增长新动能》，《行政管理改革》2020 年第 5 期。

[⑤] 施芸卿：《增长与道义：城市开发的双重逻辑——以 B 市 C 城区"开发带危改"阶段为例》，《社会学研究》2014 年第 6 期。

一 文献回顾与问题提出

社区研究中本体论和方法论是解析社区的两个视角,[①] 前者将社区看作具体的客观对象,后者将社区看作具有"透镜"功能的社会场域。城市基层社会管理方式从街居制向社区制的转变是社区治理的重要变化,[②] 经过几十年的发展,城市社区治理结构大体上可以归纳为三种类型:传统型社区、协作型社区和行政化社区。[③] 基于对社区的调查研究可知,无论采用何种社区治理结构,多元主体参与社区治理已是多个大城市基层治理的现实情况。[④]

城市社区治理作为新时代城市治理现代化进程的基础环节的形势更加复杂,社区治理实践不仅要调处好以往以居委会为中心的"上下左右"四个方面的关系,[⑤] 还要在社区治理行动中兼顾及平衡好利益相关者的关系。[⑥] 在社区治理实践过程中,各行为主体可以选择运用项目制的治理方式组建行动框架,形成以合同关系和参与式行动为基础的嵌入性委托-代理与合作化治理两种运作逻辑。[⑦] 社区多元主体通过治理行动中的共识认同、力量动员、组织赋权以及主体互嵌将社区治理环境从自治状态推进到共治状态。[⑧] 社区公共性的成长能够提高社区力量参与社区治理的积极性,改造更新相关的社区治理事

[①] 肖林:《"'社区'研究"与"社区研究"——近年来我国城市社区研究述评》,《社会学研究》2011年第4期。
[②] 陈雪莲:《从街居制到社区制:城市基层治理模式的转变——以"北京市鲁谷街道社区管理体制改革"为个案》,《华东经济管理》2009年第9期。
[③] 魏姝:《中国城市社区治理结构类型化研究》,《南京大学学报》(哲学·人文科学·社会科学版)2008年第4期。
[④] 骆小平:《多主体社区治理及其思考——以北京、广州、杭州三地调研为基础》,《华东理工大学学报》(社会科学版)2018年第3期。
[⑤] 沈原、李卫东、唐军、张坚:《北京市社区治理发展趋势及对策研究》,《北京工业大学学报》(社会科学版)2017年第1期。
[⑥] 陈伟东、李雪萍:《社区治理主体:利益相关者》,《当代世界与社会主义》2004年第2期。
[⑦] 郑晓茹:《城市社区项目制治理的行动框架、逻辑与范畴研究》,《上海交通大学学报》(哲学社会科学版)2018年第5期。
[⑧] 王芳、邓玲:《从自治到共治:城市社区环境治理的实践逻辑——基于上海M社区的实践经验分析》,《北京行政学院学报》2018年第6期。

项也逐渐从街道社区的"私事"转变为社区公众的"公事",①社区公共空间治理中的社会协同治理路径逐渐成型。

城市社区公共空间属于典型的社区公地,需要构建多元力量参与的社区协同治理格局,实现社区公共空间权属上公有、使用上共享和价值上公共的属性。②面对社区公共空间治理中存在的多重困境,既要站在空间规划师的角度创新以共治为导向的社区公共空间更新路径,③也要作为治理直接参与者的街道工作人员在实践中灵活地扮演多个角色。④社区治理进展到当前阶段,部分城市已经出现从增量转向存量治理的迹象,开始注重城市老旧类型社区的治理。⑤老旧社区建造时间早,按照当时规划设计完成的公共空间已不能满足社区的使用需求,公共空间治理成为社区治理的矛盾焦点。和社区其他公共议题的治理一样,社区公共空间治理只有解决治理中的"三难"困境,才能真正推进社区治理取得有效成果。利用社区"开放空间"技术创新的微治理路径,⑥达成治理行动与治理结构的良性互构,以微结构、微机制、微项目和微参与等手段创设和推进社区内的"微改造"和"微更新"。社区微治理模式应社区差异化治理和精细化治理的需求而生,这一治理模式因其能弥补传统治理末端环节存在的高成本和低效能的不足,⑦更适合诸如社区公共空间治理等周期长、成本高、耗费大以及牵涉利益主体多的治理项目。

以社会协同为理念引领的社区协同治理模式,在推进城市老旧社区的治理中得到了充分的证明。对北京市老旧社区的治理研究发现从社区公共议题

---

① 帅满:《从人际信任到网络结构信任:社区公共性的生成过程研究——以水源社区为例》,《社会学评论》2019年第4期。
② 舒小虎:《社区公地及其治理》,《社会主义研究》2017年第1期。
③ 卓健、孙源铎:《社区共治视角下公共空间更新的现实困境与路径》,《规划师》2019年第3期。
④ 施芸卿:《草根国家的四张面孔——以一个旧城改造项目为例》,《山东社会科学》2017年第8期。
⑤ 李迎生、杨静、徐向文:《城市老旧社区创新社区治理的探索——以北京市P街道为例》,《中国人民大学学报》2017年第1期。
⑥ 丁华宗:《微治理:社区"开放空间"治理的实践与反思》,《学习与实践》2014年第12期。
⑦ 王倩、危怀安:《城市社区微治理主体博弈逻辑与协同路径研究》,《西南民族大学学报》(人文社科版)2020年第5期。

入手通过引入社会参与力量,① 明确老旧社区中的治理主体、治理方式和影响因素,创设新型社区治理结构,② 构建多元主体共商共治的治理格局,③ 更易于找到有效提升老旧社区治理成效的社区干预措施。在上海,以"创智农园"④为代表的社区更新实践不仅实现了对公共空间的改造利用,将园艺式社区空间更新和社区治理有机结合,⑤ 而且以社区营造的方式实现社会生活的重建和居民的归属感,推进了社区治理。⑥ 广州市通过破除社区内存在的宏观、中观和微观层面的隔离性障碍,构建社区协同力量的协作体系,⑦ 创设以社区善治为价值目标的"共智共策共享"新模式,⑧ 有效促进了社区微改造的持续推进和模式推行。成都市在社区治理中强调政府治理和居民自治间要相互衔接和融合,探索构建以社区为基本单元,以促进居民参与为主线的新型基层治理范式。⑨

通过对已有研究成果的回顾和分析可知,现有文献对于老旧社区改造的研究主要集中于探讨微治理、微改造、微更新等方式是新时代老旧社区改造的一种有益探索和有效策略,且都赞同需要协同治理模式以实现预期目标。但对于微改造的实践进程,以及治理进程中如何激发各治理主体力量的参与

---

① 王海、孟庆国:《社会组织参与城中村社区治理的过程与机制研究——以北京皮村"工友之家"为例》,《城市发展研究》2015年第11期。
② 谈小燕:《老旧社区治理的社会学干预——以"新清河实验"为例》,《北京行政学院学报》2019年第4期。
③ 刘蔚、黄家亮:《老旧社区改造与基层社会治理创新——以北京市朝阳区Y社区为例》,《新视野》2019年第5期。
④ 邹华华、于海:《城市更新:从空间生产到社区营造——以上海"创智农园"为例》,《新视野》2017年第6期。
⑤ 刘悦来、寇怀云:《上海社区花园参与式空间微更新微治理策略探索》,《中国园林》2019年第12期。
⑥ 曾莉、周慧慧、龚政:《情感治理视角下的城市社区公共文化空间再造——基于上海市天平社区的实地调查》,《中国行政管理》2020年第1期。
⑦ 朱健刚、何瑞:《破除隔离:城市社区多元共治模式的探索——以广州市S街区社区治理实验为例》,《广西民族大学学报》(哲学社会科学版)2017年第4期。
⑧ 赵楠楠、刘玉亭、刘铮:《新时期"共智共策共享"社区更新与治理模式——基于广州社区微更新实证》,《城市发展研究》2019年第4期。
⑨ 谈小燕:《以社区为本的参与式治理:制度主义视角下的城市基层治理创新》,《新视野》2020年第3期。

活力，形成多元参与主体间的有效协同治理机制，已有文献尚未深入探究。本文基于对广东省 H 市老旧社区公共空间微改造实践的案例考察，剖析老旧社区公共空间微治理的实践进程，分析各参与主体之间社会协同治理的实践路径，将社区治理中的社会协同研究从"理论上讲得清"推进到"实践中走得通"，并通过对微改造实践的总结及治理进程中影响因素的反思，提出社区治理更新中提升多元主体社会协同治理的对策建议。

二 理论基础与分析框架

（一）协同治理理论

协同治理理论是在对公共行政和新公共管理进行反思和再审视的基础上，由协同学和治理理论融合而产生的公共管理理论，[1] 并非协同理论与治理理论的简单叠加，[2] 而是以治理理论为基础，以协同学为方法指导，发展出的一种前沿理论范式。Ansell 和 Gash 最早使用了协同治理概念，他们将公共政策中公私部门间寻求达成共识的过程定义为协同治理，阐释了包括协同过程、协同变量、协同行为影响因素等在内的协同治理框架。[3] 协同治理理论主张通过治理主体间的有效协调和整合，提升资源效率，借助治理中的跨部门、跨机构合作，达成治理共识和协同行动，实现治理目标。

我国仅有少数学者在译介西方理论的同时展开与国内现实相适应的理论构建和创新探索，[4] 大部分研究者对于协同治理的研究集中于应用层面，主要包括政府协同治理和公共事务协同治理两个方面。政府协同治理主要指为优

---

[1] 李汉卿：《协同治理理论探析》，《理论月刊》2014 年第 1 期。
[2] 参见田培杰《协同治理：理论研究框架与分析模型》，上海交通大学出版社 2013 年版。
[3] Ansell, C., Gash, A., "Collaborative Governance in Theory and Practice," *Journal of Public Administration Research and Theory*, 2007 (4).
[4] 燕继荣：《协同治理：社会管理创新之道——基于国家与社会关系的理论思考》，《中国行政管理》2013 年第 2 期。

化行政管理，政府部门和非政府部门以协同方式进行合作。[①] 这里的协同含有四层意思，政府不再是唯一的治理主体，政府力量与非政府力量以平等的方式进行合作，各方治理参与力量都可以处于权威位置，协同治理是所采取的协同合作措施的总和。公共行政领域中电子政务的发展，在政府内部催生了纵向分权、横向整合和内外部合作的协同治理，[②] 公共政策中政府部门与非政府部门合作治理公共事务，最大限度地维护和增进公共利益。[③] 公共事务协同治理是对某项公共议题进行的协同治理，以公共危机治理为例，政府、社会、市场和公众等多元主体协同合作使公共危机系统内部相互作用的子系统进入规范的自组织状态，以能有效地预防、处理和消弭危机。[④][⑤] 公共危机的协同治理机制包括完善协同治理的法规制度、优化协同治理的权责体系、加强协同治理的资源保障、搭建协同治理的信息平台、培育协同治理的社会资本等五个方面。[⑥][⑦][⑧] 除政府协同治理和公共事务协同治理之外，市场研究领域和社会研究领域也更加关注和重视协同治理的应用，提出了企业集团协同治理[⑨][⑩][⑪]和科研机构协同治理[⑫]等概念。本研究将协同治理理论应用于老旧社区改造，是推进城市基层社会治理方式的探索和创新，是对新时代我国

[①] 参见刘光容《政府协同治理：机制、实施与效率分析》，华中师范大学出版社 2008 年版。
[②] 杜治洲、汪玉凯：《电子政务与政府协同管理模式的发展》，《中共天津市委党校学报》2006 年第 2 期。
[③] 郑巧、肖文涛：《协同治理：服务型政府的治道逻辑》，《中国行政管理》2008 年第 7 期。
[④] 张立荣、冷向明：《协同学语境下的公共危机管理模式创新探讨》，《中国行政管理》2007 年第 10 期。
[⑤] 张立荣、冷向明：《协同治理与我国公共危机管理模式创新——基于协同理论的视角》，《华中师范大学学报》（人文社会科学版）2008 年第 2 期。
[⑥] 张立荣、何水：《公共危机协同治理：理论分析与中国关怀——社会资本理论的视角》，《理论与改革》2008 年第 2 期。
[⑦] 何水、蓝李焰：《中国公共危机管理的困境与出路——一个宏观的分析》，《湖北经济学院学报》2008 年第 1 期。
[⑧] 何水：《协同治理及其在中国的实现——基于社会资本理论的分析》，《西南大学学报》（人文社会科学版）2008 年第 3 期。
[⑨] 靳永青：《我国企业集团协同治理分析》，《上海改革》2003 年第 9 期。
[⑩] 李晓娣：《企业集团子公司协同治理的合作博弈分析》，《生产力研究》2008 年第 18 期。
[⑪] 卢恩光、李本乾：《我国报业集团的协同治理结构》，《当代传播》2005 年第 1 期。
[⑫] 李超玲、钟洪：《现代大学协同治理研究》，《江苏高教》2008 年第 2 期。

社会治理发展时代需求的回应,也是在坚实构建社会治理共同体在社区层面所做的工作。

(二)"惠民空间"微改造的分析框架

H市"惠民空间"微改造由市民政局牵头,会同财政、自然资源、住建、文广旅体等部门推动实施老旧社区改造,W社区的改造是在2019年两个示范点成果基础上进行的。在项目改造中,依照政府主导、社会协同、公众参与的思路,由市民政局主导推进。H市慈善总会以公益性社会组织的身份为项目提供经费资助,以设计方和施工方为主要代表的工程团队等市场力量承担具体改造任务,第三方机构负责工程评估验收,福彩、体彩等给予福利和体育设施的配套支持。H市社会工作协会联合驻区社工机构[1]参与项目前期调研,摸清社区改造意愿和居民改造需求,协调微改造项目的顺利推进,协助社区内文化内涵挖掘和建设以及后续"三社联动"服务的供给,社区群体组织和民众广泛参与和监督。

在整个改造项目进程中,参与主体不变,但政府、市场和社会三大力量在项目的不同阶段承担着不同的工作。政府的职责是主导项目和进度推进,市场的职责是对微改造工程的具体实施,社会的职责是调研改造需求,协调治理参与力量及社区文化建设和服务供给。在具体的项目进程中,政府力量的参与体现为H市政府对老旧社区改造提出明确要求,以H市民政局为牵头单位领导微改造工作,街道办(乡镇)和居(村)委会筛选符合项目要求的社区;市场力量的参与体现为"惠民空间"微改造的设计方和施工方以项目招标或者委托的方式承担老旧社区公共空间的改造方案设计和改造工程施工;社会力量的参与体现为市社工协会和社工机构对微改造意愿的调研,协调微改造协同主体以及对项目进程进行监督。从这些参与力量的协同逻辑来看,

---

[1] 在W社区"惠民空间"改造中,市民政局将微改造前期调研委托给市社工协会,市社工协会联合W社区原有驻区社工机构共同完成社区改造意愿调研工作,并承担微改造项目中治理协同力量的统筹和协调。

政府力量和社会力量的治理协同表现为政府通过购买服务的方式与专业社会工作机构进行协同，邀请社群组织和社区居民参与和监督微改造项目。政府力量与市场力量的治理协同表现为政府通过购买服务的方式与项目工程方进行协同，市慈善总会为项目提供资金，并以市民政局委托代理人的身份组织项目招标工作。社会力量与市场力量的治理协同表现为专业社工机构与工程方团队协商推进微改造项目，社群组织和社区居民支持工程团队进行方案设计和改造工程施工（见图 4-3）。

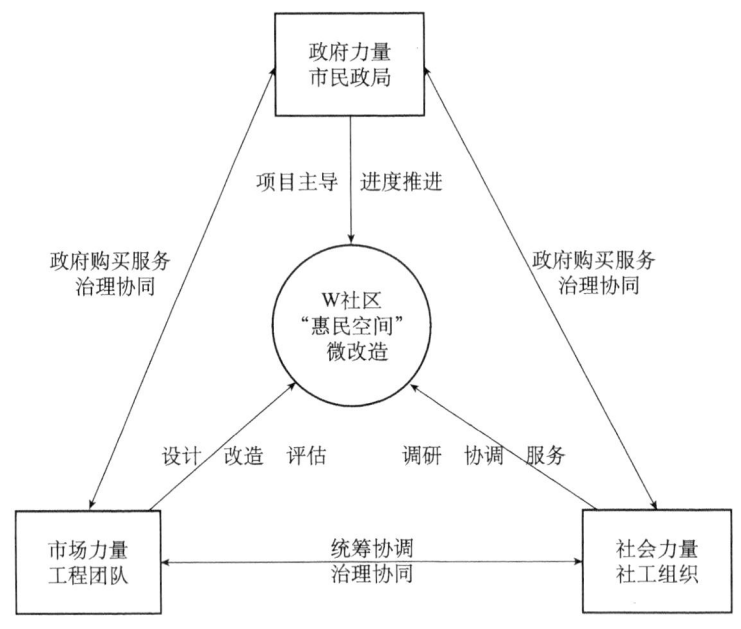

图 4-3 W 社区"惠民空间"微改造协同治理框架图

三 案例：W 社区的公共空间

2019 年 H 市以"惠民空间"为名的社区公共空间改造项目是聚焦群众关切、解决老旧社区群众生活难题、完善社区治理与改善人居环境的一项基层社会治理举措。在试点之后，以"惠民空间"微改造为主要模式的老旧社区治理项目在全市范围内推广，W社区是H市新一轮40个开展"惠民空间"微改造计划的老旧社区之一。

W社区前身是国有企业卫国机械厂单位宿舍，属于企业自管的职工家属区，没有正规的物业公司维运。2003年，卫国机械厂改制，企业退出社区管理后无人负责和管理社区公共事务。2010年前后，部分居民不同意政府房屋改建协议，社区未集体迁改。之后几位居民自发管理社区内的部分公共事务，但无能为力于路面修整、娱乐设施添建维护和休闲广场改扩建等硬件设施的更新。由于长期缺少常规性的维护和修缮，社区大部分公共设施已经无法满足居民的生活需要。改造更新需求迫切，尤其表现在居民日常生活必需的公共空间方面。

社区公共空间包括室内和户外两部分，如图4-4所示。老人们白天聚集在休闲区打牌聊天，这里的水泥地面因长期雨水冲刷出现了一些裂缝和凹陷，桌凳和花园边沿也有不同程度损毁。小广场紧邻社区大门，人流量大，占地面积超过2000平方米。白天流动商贩在这里卖蔬菜水果，晚上居民跳广场舞和健身。2018年以前，这里是一片杂草丛生的荒地，政府和居委会组织居民铲除杂草，修整并铺设了水泥地面。因资金有限，居民用捡来的废弃砖石堆砌了花圃和广场的石墩。东部角落的小花园没有多少花草，只有几棵大树，水泥地面同样凹陷不平。虽然有健身和乒乓球台等设施，但位置较偏僻，蚊虫较多，周边几栋住户年轻人居多，到此活动的居民较少。

整体来看，W社区户外公共空间设施较为陈旧，地面破损不平，缺少遮阴挡雨、休息歇脚的必要设施；地面较平整的区域还存在车辆无序停放问题，挤占了本就有限的公共活动空间。历史问题和现实条件决定了社区公共空间治理中无法全方面、大规模和深程度的改造。"惠民空间"项目以微治理和微提升为主导的小幅度改造，既能契合社区有限公共空间更新的实际情况，又能满足居民对公共空间优化治理的需求。

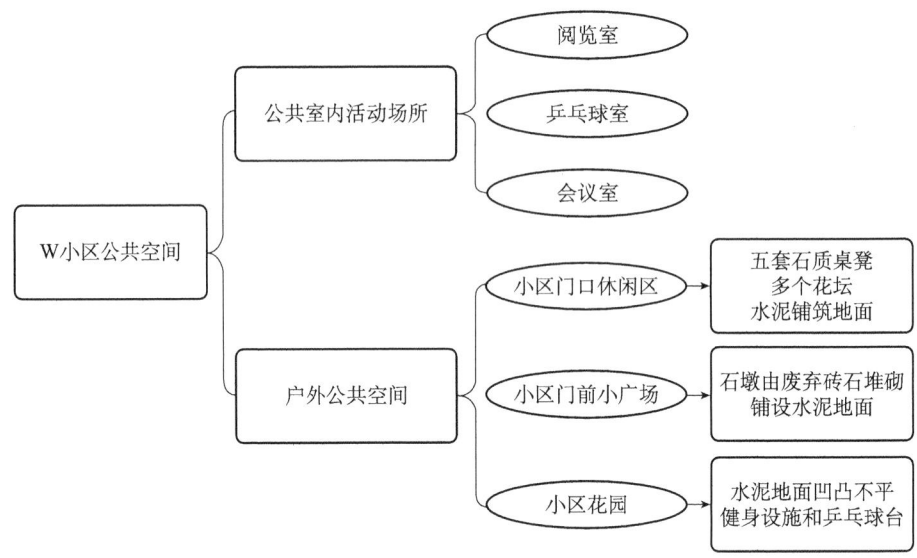

图 4-4　W 社区公共空间构成

四　老旧社区协同治理的实践路径分析

我国 20 世纪 90 年代推行住房制度改革之前，城市住宅区主要是行政体系的直管房和大型单位企业的自管房。改革后，政府权力退出住宅区事务管理，各级单位企业也几乎不再承担员工住宅及相关公共设施的维护和更新，在市场化规则中转换为业主角色的居民既是房屋的产权人，也是社区共享资源的共有产权人。管理规则的转变给城市社区公共资源改造增加了不确定性因素，大大降低了传统以行政化权力垂直管理为主要方式的治理规则的适用性，"突出表现为大量城镇住宅区围绕住宅事务的集体行动和公共物品供给困难重重"①。对新型治理规则的探索成为推进城市社区治理的重要环节，在新时代社会治理理念的指引下，以多元主体协同合作为主要形式的社会协同治

---

① 关宏宇、朱宪辰等：《共享资源治理制度转型中个体规则认同与策略预期调整——基于南京住宅小区老旧电梯更新调查研究》，《管理评论》2015 年第 8 期。

理规则已经达成共识,并在多个治理领域中进行了实证研究。本部分基于对社会协同治理过程中的路径分析,总结了城市老旧社区公共空间治理的主要特点。

(一) 治理参与力量的社会协同路径

多主体水平化协调是 H 市在实践社会协同治理规则中的行动亮点。在 W 社区"惠民空间"微改造中,政府、市场和社会力量依据其担负的职责,在项目招标、改意愿调查、设计和施工阶段的工作有所侧重,各阶段呈现的具体协同形式也存在差异。

1. "惠民空间"项目招标

H 市民政局在治理开动之前,联合其他部门召开"惠民空间"微改造项目启动会,并将会议参与者扩展到微改造中的主要治理主体。根据项目工作部署,第一阶段的事项是项目招标。由市民政局及其代理委托人[①]通过项目招标的方式,寻找社区公共空间治理的协同力量,本身就体现出政府力量与社会力量、市场力量的治理协同。项目招标包括两部分。一是市民政局与市社工协会就改造意愿调研进行招标,[②] 市社工协会负责完成社区改造意愿调查和调研报告撰写,为改造方案的设计提供需求性资料。这项工作体现了政府与社会力量的协同。二是市民政局与改造工程团队就改造方案设计和工程施工进行招标,改造方案设计团队根据改造社区公共空间的布局情况和改造意愿调研报告完成改造方案设计,施工团队依据设计方案完成公共空间改造的具体施工。这项工作体现了政府与市场力量的协同。除以项目招标方式进行治理协同外,政府内部各力量之间也以协商合作的方式进行治理协同,如市民政局与其他部门、街道乡镇和居委会协同完成待改造老旧社区的筛选和确定工作。

---

① 市慈善总会代表市民政局与调研团队和工程团队在合作协议上签字。
② 在部分县的老旧社区改造意愿调研项目招标中,存在社会工作机构直接参与招标的情况。

2. 老旧社区微改造意愿调研

第二阶段的工作事项是社区微改造意愿的调研，具体来看，公共空间改造意愿的调研主要包括两个部分。一是根据项目方案计划，市社会工作协会联合 W 社区的驻区社工机构 H 进行社区改造意愿的调研。调研采取线上和线下相结合的方式进行抽样问卷调查，并辅以入户深度访谈。在调研过程中，设计团队为了更准确地了解社区内公共空间的基本情况，参与了调研团队组织的焦点小组和居民议事等形式的协商会议，了解社区和居民对公共空间改造的诉求和关切。这项工作既体现出社会力量内部的协同，也体现出社会力量与市场力量的协同。二是在完成社区改造意愿调研之后，市社会工作协会将调研报告提交给项目主导方，并就后续公共空间改造的设计和施工统筹协调工作与项目主导方进行沟通交流。这项工作体现了社会力量与政府力量的协同。

3. 微改造项目设计和施工

第三阶段的工作事项是微改造方案设计和工程施工，具体来看，公共空间改造的工程阶段主要包括两个部分。一是改造方案设计团队依据改造意愿调研报告和社区公共空间的布局情况设计改造方案，提交项目协调会和居民议事会进行集体讨论和协商，形成确定的改造方案。这一阶段过程中各方力量表达诉求，交流协商，寻求共识，确定微改造方案，是"惠民空间"项目的一个缩影。这项工作既体现出市场力量与政府力量的协同，也体现出市场力量与社会力量的协同。二是施工团队依据公共空间改造方案进行工程施工，社工机构和居委会协调居民配合改造的具体工作，化解施工过程中的阻滞因素，在改造完工之后，项目主导方组织对改造工程进行验收评估。这项工作既体现出市场力量与社会力量的协同，也体现出市场力量与政府力量的协同。

在公共空间改造完成之后，根据 H 市基层治理的工作部署，W 社区居委会和居民将在驻区社工机构的引导和帮助之下，以社群组织为主要力量进行社区文化内涵的挖掘，营建社区文化新高地。以新时代社区治理文化为涵养，充分发挥社区力量、社工机构和社会组织的组合优势，开展"三社联动"服务，在社区治理进程中解决发展不平衡不充分的问题，为人民群众提供满足美好生活需要的优质公共资源。从 H 市老旧社区公共空间治理可以看到，W 社区"惠民空间"微改造项目的推进过程，是城市社区治理多元参与力量之间进行方案协商、诉求表达、交流沟通的过程，是各参与主体协力寻求共识、增进有效参与、提高联合行动能力的过程，也是实践新时代社会协同治理理念，探索城市基层社会协同治理行动秩序的过程。

（二）"惠民空间"微改造的特点

总体上看，"惠民空间"微改造的主要内容是对老旧社区内的公共空间及所属的设施进行有限幅度的改造，以提高对社区共享资源的利用。通过对 W 社区"惠民空间"微改造项目的解析，对比南京市住宅区老旧电梯更新研究，可以明确地看到 H 市社区公共空间治理已然跨越了"垂直行政权力支配"是主要规则认同的社区治理阶段，当年处于学习和适应过程中的"水平市场化协调"的规则认同也已融合进社会协同治理范式之中。W 社区微改造项目不仅表现出城市社区治理中多主体协同的一般特征，还表现出城市老旧社区公共空间微改造中的特殊属性，这些特点集中体现于五个方面。

治理功能定位方面。 W 社区微改造不同于电力、燃气等硬设施改造，是立足于社区实际、日常实用和群众满意，因地制宜、见缝插针式地对老旧社区现有的有限公共空间进行微提升和微治理，包括公共空间拓展、娱乐设施添置、休闲设备更新等内容。借此致力于在社区内打造出兼具公益性、主题性、文化性和群众性的活动空间，并筹划开展"三社联动"服务，挖掘社区文化内涵，提升社区治理水平，营造社区治理共同体。

老旧社区选择方面。 H 市总结"惠民空间"微改造试点的经验，从全市区县社区中选择有公共空间改造需求且符合微改造筛选条件的老旧社区，开展全市范围内程序化的公共空间治理工作。为了最大限度地降低微改造工作的阻力，在目标社区的挑选过程中，倾向于优先选择有专业社工常驻的社区，W 社区的入选就和其与 H 社工机构的长期友睦合作有很大的关系。

微改造内容方面。 W社区"惠民空间"微改造基于社区改造意愿,通过专业设计和工程建筑施工优化社区公共空间布局,通过添建休闲文体设施、老人和儿童服务娱乐设施、完善园林绿化等手段提升社区公共服务配置;通过社区文化挖掘提升社区内涵价值,培育社区公共精神。

微治理运作方面。 按照政府主导、社会协同、公众参与的指导思路,政府主导项目推进,公益性社会组织提供资金,市场力量承担具体改造任务,社工机构组织前期调研、文化挖掘和后续"三社联动"服务,第三方机构评估验收,社区群众广泛参与和监督。这里有一点需要指出,坚持政府的主导作用,虽然可能在一定程度上抑制了市场和社会因素的活跃程度和治理创新,但确实可以避开"社区集体创业"[①]的偏向,保证改造的方向性。

项目施行程序方面。 H市老旧社区公共空间改造根据2019年示范点的改造成果情况,逐步扩大治理范围。根据社区和群众意愿,计划在全市范围内每年改造一批老旧社区,争取利用两年左右的时间,将改造工作覆盖全市符合条件、有需求的所有老旧社区。

五 推进老旧社区协同治理的反思与对策建议

(一) 对老旧社区社会协同治理的反思

对城市社区公共资源的治理,南京市住宅区老旧电梯更新研究认为在当时的治理"场景下业主能否完成社区共享资源治理方式从垂直行政支配规则向水平市场协调规则的转变,是业主实现自发治理的关键"。政府应该以政策机制引导社区居民以协商方式共担社区公共资源的治理责任,共享公共资源治理的成果收益。H市老旧社区公共空间治理实践表明,城市社区公共资源

---

① 于海、钟晓华、陈向明:《旧城更新中基于社区脉络的集体创业——以上海田子坊商街为例》,《南京社会科学》2013年第8期。

的治理逻辑已由行政力量引导下的居民自治发展到多元主体协同治理。老旧社区所需治理的事项多且复杂，选择哪一个议题作为治理的突破点对于顺利推进社区治理具有开局意义。H市将公共空间整治作为老旧社区治理的突破口，原因有三：一是公共空间是居民日常生活的必须公共品，属于典型的社区公地，这个诸多公共服务供给的附着载体长期处于损耗高但增益低的窘境，治理需求迫切；二是将老旧社区治理的重心放在对社区公共空间的整治、更新和优化方面，尽量不触及居民私有产权物品的利益，不涉及居民既有利益的争执与纠纷，最大限度减少项目开展的阻力；三是将协同治理理念实践于老旧社区公共空间治理，为城市基层社会治理探索路径，积累多主体协同治理的经验，探寻基层社会治理中的协同路径和行动秩序。

在构建新时代社区治理的协同结构中，各协作力量之间依然存在张力，力量边界交错，需要规范治理行动中各主体的权力运作空间，做到一把尺子量到底。① H市社区治理中各参与力量之间的互动使彼此边界交织，使社会协同力量运作空间以一种正式化和组织化的形式不断生产，映现出更深层次的社会治理技术及社会治理行动秩序的形塑过程。笔者注意到H市"惠民空间"微改造中作为主导力量的政府部门，其权利运作及角色扮演尚无定式。以项目中主要参与力量签署的合作协议来考察，项目的主导方市民政局并不是合作协议书中的甲方，市慈善总会以市民政局的委托代理人的角色存在，与项目调研方和项目工程方签署合作协议。调研团队不仅承担前期的改造意愿调研工作，还在后续阶段客串项目推进的协调人角色，发挥市民政局的影子作用。这里必须明确的是政府及其代理人的行为不能越界，在社会力量成长起来之后，应尽力避免一个参与主体饰演多个角色而造成角色冲突或者利益勾连，损害协同治理结构和治理成效。

W社区"惠民空间"微改造协同治理行动中的各主体之间还存在互惠性

---

① 施芸卿：《一把尺子如何"量到底"：基层治理中的制度硬化 以一个城市更新试点项目为例》，《社会》2019年第2期。

合作，这种互惠性部分来源于日常工作中的非正式合作。① 在项目前期改造意愿调研中，市社工协会联合的 H 社工机构是 W 社区的驻区社工机构，两者间长期的融洽合作关系为项目开展奠定了基础，是项目改造顺利推进的一个因素。共同体意识也有利于社区治理，尤其是居民熟识度较高的老旧社区，居民间原有的交流有助于达成社区治理共识，提高社区治理的有效参与，在理解照顾彼此利益中助力社区治理目标的实现。② 可以预见，城市老旧社区治理是未来基层治理的重要领域，公共空间的治理会是该领域中的突出议题。W 社区的公共空间改造是对社会协同治理的有益探索，是新时代我国社会治理中推进和优化社会力量协同的现实基础，也是深化协同理论研究的实践来源。从推进城市基层治理现代化的视角来看，老旧社区公共空间的改造是对社区必备功能的加强，是解决当前社区中人民追求美好生活所面对的发展不平衡不充分的可行路径。但面对老旧社区治理中差异化的具体事项，公共政策的制定者和研究人员在关注功能性社区治理的同时，也需要加强规范化社区建设的探索，③ 从行动和制度两个层面来营造城市基层社会的现代化治理体系。

（二）推进老旧社区协同治理的对策建议

1. 对等诉求表达，实现协同力量的充分协商

协同治理本质上是治理实践中各主体力量彼此合作的升级和加强，需要从主体间的共识基础、有效参与和联合行动能力④等方面进行，这对 W 社区公共空间治理中的薄弱之处同样适用。老旧社区的改造环境相较于普通社区更为错综复杂，如街道社区的管理体系中因历史因由形成的缠绕盘桓的状况、居民群体在自治组织和日常生活中产生的千节百扣的情状。推进工作的首要

---

① 陈朋：《互惠式治理：社区治理的日常运作逻辑》，《江苏社会科学》2014 年第 5 期。
② 杨志杰、钟凌艳：《台湾社区治理中的"社区共同体"意识培育经验及借鉴——成都老旧住区的社区治理反思》，《现代城市研究》2017 年第 9 期。
③ 徐建宇、纪晓岚：《迈向社区规制治理：一个分析框架》，《新疆大学学报》2019 年第 2 期。
④ 蔡岚：《合作治理：现状和前景》，《武汉大学学报》（哲学社会科学版）2013 年第 3 期。

前提是找寻并开放各类主体都能参与协商的空间，为他们提供对等的诉求表达机会，尽力实现所有利益关切者对治理方案的充分协商。社工机构凭借其专业技能和多年驻区服务所积累的关系，在改造前进行了高标准、规范化和广范围的改造意愿调查。在调查过程中，市社工协会和H社工机构组建调研团队，对重点协同力量代表进行焦点小组访谈，对社群居民进行线上结合线下的问卷调查，对社区计划改造公共空间进行实地走访观察；在改造方案成稿后，H社工机构以居民议事会、居民代表协调会和工作调度会等方式将社区居委会、居民代表、工程设计和施工团队联结起来定期进行细节沟通，各类治理参与力量得以充分协商，弥合意见分歧，化解矛盾纠葛。

2. 深入协作交流，坚实协同治理的共识基础

社会治理行动的前提是各类参与主体基于坦诚深入的交流沟通，达成对治理方案和行动环节的共识，为各协同治理主体执行治理方案，优质高效完成所分属的任务和职责奠定坚实的基础。在W社区"惠民空间"微改造中，公共空间治理预期目标的顺利达成真切地映现出治理共识的功用。"有事好商量，众人的事情由众人商量"①，坚实社会治理工作中的共识基础需要统筹推进协商机制，真正做到将协商民主作为加强和创新社会治理、完善社会治理体系的重要方面，将社会治理的协同理念贯穿、渗透于社会治理的全过程，在社会治理参与主体之间架起桥梁。由W社区公共空间改造观之，社会治理中各类参与主体须以各种方式加深治理全过程中的交流和沟通，不仅要重视如民主协调会、居民议事会等形式的面对面交流，还必须积极主动地运用现代科技，比如微信和在线问卷，利便协同治理主体之间充分听取彼此的关切、利益诉求和建议。这既是对社区公共议题治理要实现最大限度的共享利益的践诺，也是对习近平总书记强调的治理工作要"善于运用互联网技术和信息化手段开展工作"②的践行。

---

① 魏礼群：《如何认识社会治理现代化》，《前线》2020年第1期。
② 习近平：《决胜全面建成小康社会 夺取新时代中国特色社会主义伟大胜利——在中国共产党第十九次全国代表大会上的报告》，人民出版社2017年版，第68页。

3. 增进彼此理解，提高协同治理的有效参与

在社会治理行动秩序中，各方力量在预期获利驱动下，通过关照彼此的利益关切，在相互妥协的策略下达成对治理设计和行动步骤的理解和共识。共识的达成仅仅是迈出了治理协同的第一步，在方案的执行过程中更需要所有主体以实际行动理解工作中出现的不足和偏误，适时优质高效地完成所分属的工作，提高协同治理的有效参与。在W社区改造中，为了降低调和社区居委会和居民在小广场公共空间的使用上出现的不同声音的成本，H社工机构在改造方案的讨论阶段即将负责改造工程的设计方和施工方引入项目协调会，在听取可利用公共空间的可行设计和施工难度基础上，讨论小广场上的空间布局和位置布设。实证分析表明，协同主体参与成本与获利之间的收益率是影响微改造主体博弈行为的主要动因。为进一步弱化改造主体间对抗性，提高治理的有效参与和协同，须鼓励和引导包括企事业单位、社会组织和人民群众抛舍各自偏狭利益，积极参与治理协商。创新社会治理协同规则，以科学的治理协商机制高效厘清治理需求，凝聚治理目标，以居民公共精神塑造彼此理解的默契，增进邻里合作式微改造模式的社区治理效能。

4. 促进互益互动，提升协同治理的行动能力

社会治理行动能力指治理参与力量在治理进程中施展出的集体力量。社区治理行动能力则是指政府、企业、非营利组织和公众等在社区治理方案的执行过程中，改良社区治理结构、调处社区发展矛盾、提升公共资源利用效率，进而实现公共利益的总能力。[①] W社区公共空间改造目标的实现，充分表明将包括辖区单位[②]在内的多元参与力量联结进社区协同治理团队之中，汇聚成治理能量，迸发联合行动能力，是提升城市老旧社区公共议题治理效能的一项必要举措。对W社区"惠民空间"微改造案例的剖析可知，城市老旧

[①] 孙锋、王峰：《城市社区治理能力：分析框架与产生过程》，《中国行政管理》2019年第2期。
[②] 原文中辖区单位是一个集合概念，具体是指参与基层社会治理的多元复合主体，涉及公共的或私人的、团体的或个体的等多种类型和行业，地理空间紧邻属性使其与街道社区间存在亲密关系。参见孔娜娜《辖区单位参与社区治理的机制创新》，《人民论坛》2020年第11期。

社区治理中多元主体协同联动尚处于发展阶段,不可避免地会面对具体协同目标不明确、各主体职责边界不清晰和协同机制机械性的瑕疵。[①] 社区治理参与力量之间既需要建立亲密的伙伴关系以增进多方互益互动,也需要明确辨别彼此的行动边界,[②] 尤其是在政府购买公共服务阶段中的社会组织、市场力量与政府及其代理人的边界。唯有权责清晰,各协同主体才能在自己的职能范围内发挥出自身蕴藏的最大能效。

[①] 张开云、叶浣儿、徐玉霞:《多元联动治理:逻辑、困境及其消解》,《中国行政管理》2017年第6期。

[②] 黄晓星、杨杰:《社会服务组织的边界生产——基于Z市家庭综合服务中心的研究》,《社会学研究》2015年第6期。

科技赋能边疆社会治理的和田实践

张 磊[*]

习近平总书记指出,新疆工作在党和国家工作全局中具有特殊重要的地位,事关强国建设、民族复兴大局。新疆一盘棋,南疆是"棋眼",做活这个"棋眼",才能全盘取胜。南疆作为边疆少数民族地区,位于新疆"口袋底""低洼地",因为特定的历史文化、自然因素、经济结构、民族宗教和社会发展环境,边疆的社会治理工作具有特殊重要性和复杂性。地处塔克拉玛干沙漠南沿的和田,地理位置偏僻,经济社会发展相对落后,社会治理结构单一,作为国家治理的重要组成部分,具有治理区域边疆性、治理环境复杂性的明显特征。和田地委审时度势,立足稳定、改革、发展实际,坚持以人民为中心的发展思想,系统推进依法治疆、团结稳疆、文化润疆、富民兴疆、长期建疆,以"接诉即办"为抓手,畅通民意反映"直通车",探索形成"接诉即办+矛盾纠纷多元化解"的社会治理模式和多元主体嵌入式共治模式,完善共建共治共享的社会治理制度,建设人人有责、人人尽责、人人享有的边疆社会治理共同体。

---

[*] 作者系新疆维吾尔自治区和田地委委员、政法委书记。

一 建平台，搭建服务群众"总客服"

习近平总书记指出，要坚持从群众中来、到群众中去，真正成为群众的贴心人。要心中有群众，时刻把群众安危冷暖放在心上，认真落实党中央各项惠民政策，把小事当作大事来办，切实解决群众"急难愁盼"的问题。和田地区为打破利益诉求渠道不归口、诉求人多头跑路、职能部门各自为政的瓶颈，通过搭平台、建机制、通渠道，实现矛盾诉求全量收集、一网通调、"一次不跑、一次办好"。搭建平台形成"晴雨表"。借助"互联网+"手段，打造便民服务矩阵。搭建"接诉即办"数字化平台，纵向贯通所有县、乡、村，横向辐射地直单位，纵横贯通1997个点位，坚持"分级赋权、全面上线"，不同主体通过互联网都可以"诉"，将各类民意通过数字化展示出来，政府通过数据分析研判，精准开展社会治理。完善机制构筑"连心桥"。规范登记、研判、处理、反馈、回访、归档六个步骤，探索完善受理、分类、研判、办结、回访印证五项标准，建立健全接诉即办、"三调联动"、警调对接、吹哨报到、主动治理、心防体系、综合考评七项机制，和田接诉即办工作在体制运行、机制创新上走在全疆前列。畅通渠道就怕"不知道"。遵循接诉无门槛的原则，任何群体和个人都可以"诉"，突出利益主体的广泛性、受理渠道的便捷性、诉求类型的多元性，通过整合12345热线、短信、微信、网信、信访、融媒体6种渠道线上全面收集，利用入户走访、周一升国旗、村民大会、网格排查等时机线下全量收集，做到线上线下互联互动，着力破解"各级党组织听不到群众真实声音"的难题，实现诉求收集无遗漏、无空白，群众的困难诉求和期盼全天候、全时段响应。

二 立机制，畅通服务群众"全链条"

习近平总书记强调，要完善防范化解重大风险隐患机制，把开展反恐反分裂斗争与推动维稳工作法治化常态化结合起来，坚持标本兼治、综合施策，加强源头治理。和田地区以"事心双解、群众满意"为目标，建立"推、研、派、办、督、访、评"闭环化解体系，实现诉求化解"一次不跑、一次办好"。**高位"推"**。地县主要领导、分管领导每日分别领办审批 10 条重点诉求，通过每天研阅诉求及时掌握辖区社情民意、关注涉稳动态、管控舆论热点、防范联动风险，让各级"关键少数"直面群众"急难愁盼"问题，解决领导想看看不到、基层想管管不了的难题。**全量"研"**。根据诉求类别、事件性质、难易程度，指挥中心快速研判分类、快速分流处置。**精准"派"**。采取"直派地直单位"和"分派县市办理"两种形式一键转派，让数据跑路，提高即时响应能力。**快速"办"**。坚持急事急办、要事盯办、难事代办，建立"1357＋N"限时办结机制：对于简单诉求，当天办结反馈；对于一般问题，3 天内办结反馈；对于较为复杂问题，5 天内办结反馈；对于跨县市问题，7 天内办结反馈；对于涉法涉诉类问题，按程序依法办理。**全面"督"**。地委主要领导每日批办 10 条疑难复杂诉求，县（市）委书记、政法委书记每日领办 10 条重点诉求，乡村党组织书记争当金牌调解员，让各级"关键少数"直面群众"急难愁盼"问题。**及时"访"**。对承办单位办结的困难诉求，通过线上平台巡查、电话回访、实地印证的方式，全面检验诉求办理的真实性和群众的满意度，做到"问题不解决不撒手、群众不满意不销号"。**定期"评"**。建立接诉即办考评体系，纳入年度绩效考核和年终述法，层层压实责任，用接诉即办"绣花针"穿起民生"万条线"。接诉即办充分发挥平台协调作用，督导各部门高质高效化解群众诉求，实现政府公信力全面提升。

三　搭体系，多元服务群众"暖民心"

习近平总书记指出，要坚持和发展新时代"枫桥经验"，把准群众诉求，及时解决基层群众的困难和矛盾。和田地区结合全国第一批市域社会治理试点任务，不断完善多元矛盾纠纷化解机制。**地区层面**：地委统筹，组建地区接诉即办指挥中心，与地区网格化服务管理中心、12345政务服务便民热线管理中心一体运行、深度融合，作为地区多元矛盾调处总枢纽，形成党委主导下的上下贯通、条块结合、衔接高效运转格局，通过数字化管理平台的有机联动，统筹推进地县乡村四级矛盾纠纷调处化解体系建设，推动矛盾调解机制直达一线。**县市层面**：立足"功能多元化、服务最优化"功能定位，社会矛盾纠纷调处化解中心、信访接待中心、公共法律服务中心、社会心理服务中心一体运行，整合公安、检察院、法院、司法、人社、民政、信访、群众办、教育、妇联10个部门入驻、联合办公，设立"10个服务平台"，汇聚行政资源、司法资源、社会资源于一体，构筑"1＋4＋10"（即1个部门统筹、4个中心合署、10个部门入驻）矛盾纠纷多元调处化解矩阵。对涉及多部门的疑难复杂诉求，建立联席会议机制，践行"浦江经验"，通过地县两级书记领办批示，乡村两级督办落实，推动工作在一线落实、问题在一线解决、作风在一线转变，通过关口前置、源头预防、前端化解，把可能引发风险隐患的矛盾诉求化解在基层、化解在萌芽。**乡街层面**：由党委书记任组长，成立多元矛盾纠纷排查化解工作领导小组，规范设置"六室一站"（"六室"：人民调解室、行政调解室、司法调解室、接诉即办工作室、心理疏导室、远程视频会见室；"一站"：公共法律服务站），提供法律咨询、法律援助、法治宣传、文书代写、司法确认、心理疏导六项服务，打破各管一块、各自为政的传统工作模式，通过搭建人民调解员服务、法律志愿者服务、律师公益服务三大平台，全面整合各类调解资源，形成以接诉即办为牵引、矛调中心为支撑的"网上受理＋网格排查＋三调联动"多元调解服务体系。不断创新完善联系群众、服务群众的方式方法，整合碎片化的社会资源开展公共服务，形成了"乡街吹哨、部门报到"工作机制，以部门下沉、基层赋权、提质增效为重点，明确17个部门112项应哨清单，地县两级"应哨人"联系方式下放至乡村，引导行业部门眼睛向下、脚步向前、深入基层、直面群众、解决问题。**村级层面**：推动党建与社会治理深度融合，建强覆盖到小区、延伸到网格的基层治理党组织，建立村民议事和网格说事中转站，建立网格微信群实时诉求直通车,推进建群组团、结对包联、群众下单、党员跑办服务,构筑"党建+网格+居民"纵向治理体系,做到管服结合、治建并用、统合共促,形成条块协同、上下联动的治理格局。探索"接诉即办+三调联动"工作模式,整合法官、检察官、警官、律师、法律工作者、各支驻村力量,建立"三调联动调解室",打造"品牌调解室"、评选"金牌调解员",常态扎实开展全民普法、以案说法、入户释法。按照"组团式服务、多元化共治、信息化管理、全方位覆盖"的原则,有效整合驻村工作队、村(社区)干部、司法、公安、民政、市监等各基层部门力量,提升基层治理能力。依托党群服务中心,建立便民服务站,推动便民服务全覆盖,实现"人在格中走,事在网中办"。

四 系统研,深挖社会民生"数据矿"

习近平总书记指出:"要树牢群众观点、贯彻群众路线,经常到农民群众家中走一走、看一看,深入群众、扎根群众,问需于民、问计于民,关心群众安危冷暖、急难愁盼,从农民群众的喜怒哀乐中检视我们的工作。"和田坚持用数据说话,靠分析破题,用好用活民生大数据,聚焦群众困难和期盼,推进智辅决策、智助防范。**系统治理降增量**。发挥平台数据动态监测、预警分析作用,定期对高频多发、反响集中、群众关切、苗头倾向的重点领域进行分析梳理,每月一题从教育、就业、保险理赔、产业受益、婚姻家庭、基层执法等开展主动治理,做到接诉即办、未诉先办,有一办一,主动治理。**敏捷治理防变量**。树牢风险意识,从群众急难愁盼、家长里短中洞悉涉稳风险,每日研判梳理涉稳类、安全生产类、信访苗头类以及重点关注类"3+1"重点诉求,定人定责做好包联化解,管控风险、消除隐患,牢牢守住"五个不发生"底线。**聚焦重点降风险**。重点围绕有联动风险、公共安全、网络舆情、社情动向等易引发"民转刑"命案、群体事件、个人极端事件等诉求,将释法明理、心理干预、帮扶关爱贯穿诉求办理始终,集中力量"拆引线、清燃点、除隐患、降风险"。**群众参与激活力**。探索完善"22·8"、恳谈会、说事点、议事日工作机制，每月22日对当月受理的诉求系统梳理、逐条盘点，集中利用后8天时间会商解决、攻坚清零。全地区1831个村（社区）全覆盖建立百姓说事点，做到公事公办、民事民管、群策群力，引导群众积极参与社会治理，保障群众参与权、知情权、监督权，在理性对话、谋求共识的过程中，找寻不同主体间的利益最大公约数，从而减少社会冲突、化解基层矛盾；在服务群众、依靠群众实践中，彰显以人民为中心的发展思想，通过各族群众主动参与，实现了治理理念与治理方法的统一。

五 依法办，精准服务群众"质转变"

习近平总书记在第三次中央新疆工作座谈会上指出，保持新疆社会大局持续稳定长期稳定，要高举社会主义法治旗帜，弘扬法治精神，把全面依法治国的要求落实到新疆工作各个领域。和田坚持以习近平法治思想为指导，把弘扬法治精神贯穿依法治疆全过程。**厉行法治依法办**。推进法治文化阵地建设，常态扎实开展全民普法、以案说法、入户释法，坚持合理诉求上门办、不合理诉求上门劝、咨询建议上门谈；明确失实反映、无理取闹的后果和责任，不人为降低标准吊高胃口，不违背原则一味迁就，积极引导群众依法表达诉求、解决纠纷、维护权益。**对单释法补短板**。从群众的"家长里短"中梳理普法空白和盲点，按照"缺什么、补什么"原则，每月开列"普法清单"，开展"法耀昆仑·国旗下普法""直播说法"活动。2022年以来，结合人民调解、多元解纷、民法典制作了200余部法宣小视频，积极与地区融媒体对接，开办了《小和说法》法治栏目，用群众身边事以案释法教育身边人，实现了群众积极参与到理性参与再到依法表达诉求的良性转变。**效能评估提质效**。建立接诉即办与行政效能评估衔接机制，每季度对群众投诉进行综合评估，梳理问题集中、职能缺位、履责不力的重点行业部门，通过督办提醒、引导、督促相关行业主管单位依法履行社会管理公共职能，改进工作作风，提高行政效能，维护社会公众利益，把评判党风、政风转变、检验行政效率、践行依法办事的"表决器"交给群众。

和田地区通过深化、创新"接诉即办＋矛盾纠纷多元化解"机制，织就了收集困难诉求一个号、解决困难诉求一张网，将社会治理由线下开展转变为"线上＋线下"双向开展，打造政府和群众天天有感的"热心线""连心线"，以人民群众的实际需求为导向推动公共治理法治化、公共决策科学化、公共服务精细化、治理工具智能化，打造共建共治共享的基层治理格局，建立起党组织统一领导、政府依法履责、各类组织积极协同、群众广泛参与的自治、法治、德治相结合的基层治理体系，完善共建共治共享的社会治理制度，将智能化治理融入各民族经济社会发展各领域全过程，确保社会既充满生机活力又保持安定有序，有效提高社会治理实效，大大提升地方群众的认同感、满意度，进一步铸牢中华民族共同体意识，建设人人有责、人人尽责、人人享有的边疆社会治理共同体。

第五编
数字时代的社会治理

ChatGPT 的出现标志着人类与技术、与人工智能之间的关系进入了新阶段。这是提高智慧治理能力和水平必须考虑的问题,要在提高智慧治理水平的同时,提高治理智慧的水平,把二者结合起来。

智慧治理和治理智慧

丁元竹[*]

当前,通过信息技术、人工智能推进社会治理创新已取得巨大成效,大大提升了社会治理效能。各地在社会治理领域广泛使用信息技术推动智慧社区、智慧城市建设,创新了适合各地特点的社会治理模式,提升了社会治理能力和社会治理现代化水平。信息技术、人工智能在社会治理中的应用也已进入了新的历史阶段:一方面,需要通过信息技术进一步完善社会治理;另一方面,需要反思技术与人类之间的关系。这就涉及智慧治理与治理智慧两个不同层次的治理工具。"智慧治理"是指运用信息技术、人工智能对社会活动、社会行为进行治理,维护社会秩序,确保社会良性运行;"治理智慧"是指人类运用技术手段和社会规制对已经出现和即将到来的信息技术迭代、人工智能大规模应用开展治理,确保其沿着造福人类福祉和改善人类生活品质方向发展。这两个工具都有助于造福人类和改善人类福祉,但目标指向不同、治理主体不一样。

一 社会治理在智能技术生态中不断创新

一个时期以来,社会治理重点聚焦社会生活,通过技术解决经济社会发

---

[*] 作者系中共中央党校(国家行政学院)社会和生态文明教研部教授。

展给人类带来的社会问题，产生了解决社会问题的技术手段，丰富了社会学、社会政策原理以及其他社会理论。在技术应用基础上，基于历史和理论视角分析在具体工作层面上业已形成的网状化社会结构治理的新手段，成效显著。

一是在实体层面通过互联网技术平台建设，形成多方参与的社会治理共同体。各地政府和基层组织通过党建引领盘活经济社会发展资源，建立常态化协商议事平台，协调各方行动，推动社区自治，完善社会服务、公共服务体系，激发经济社会发展活力，促进经济社会融合发展。二是在虚拟层面打造"天清气朗"的网络空间。在互联网中形成的虚拟社会产生的舆情、争论、冲突成为现代社会问题和社会冲突的表达方式。它一方面表现为社会冲突，另一方面又表现为文化冲突，还表现为意识形态领域的矛盾和斗争。网络舆情热点事件主要集中在新闻客户端、微博、微信、新闻网站等，居民通过PC或移动终端获取信息、发表言论、开展交流，每个移动终端上的个体都成为互联网的末梢，成为扁平网状结构的节点，这种节点不同于现实社会中的个体。随着经济社会发展、信息技术进步，全球化程度加深，各类网络社群、个体终端的问题会越来越多。比如，民生、治理、健康等问题与经济、社会、文化等问题相互交织，比传统的社区建设中的住房、就业、贫困、残疾人等问题更为复杂，延伸出了一系列其他方面的问题：虚拟与现实、物质与精神、个体与群体，以及生活背后的世俗力量和个人对群体的担当，群体为实现自己目标与政府之间的互动，等等。从总体上看，这些现象是传统农业社会和工业社会中社会及其治理的基本特征。当前，技术领域的创新及迭代的或颠覆式的技术突破，都有可能带来社会治理新情况新问题。

二 技术进步增进人类福祉和生活品质

理解社会一定要理解技术进步与发展。发生在18世纪的第一次工业革命给人类带来生产方式和生活方式的深刻变革。从生产方式看，机器大工业基础上的规模生产促成人口向城市集中，人口大规模聚集的城市区域逐步形成；从生活方式看，城市生活与乡村生活完全不同，城市中形成了新的家庭结构、居住方式、休闲生活，随之，人与人之间的关系发生了根本性变化。德国社会学家斐迪南·滕尼斯（Ferdinand Tönnies）对这种社会关系的变化进行了研究和阐释，并提出"共同体"与"社会"概念来分别代表工业革命前后两种不同形式的社会形态、文明形式、发展阶段。随着工业革命的不断深入，共同体的内涵也发生着深刻变化。在技术和产业进步中，人类形成了当前的城市和乡村社区、互联网共同体等新的组织形态，社会治理正是基于这样的社会组织形态而展开的。

面对虚实结合的共同体，不同的人有不同的感受。《纽约时报》著名记者凯文·鲁斯（Kevin Rose）在谈及人工智能时代时指出，"我们最好的、最人性化的工作发生在我们与他人面对面的时候，而不是通过屏幕"。在这里，他指出了人工智能存在的问题：缺乏人性化。凯文·鲁斯讲的"不是通过屏幕"是指当时他所处的时代下的屏幕，包括一般意义的互联网，那个时候，沉浸式设备制造和设计还没有提上议程。那么，现代意义或未来的沉浸式交流工具和技术会创造出什么样的交往体验呢？人工智能又会对人类社会交往产生怎样的影响呢？这些都成为人们不得不思考的重要问题。有预见性的社会理论或社会学想象在技术迭代或颠覆式发展的时代尤为重要，想象力将成为智慧社会的理论新特点。一个必须遵循的基本原则是，技术进步和创新的目的是不断增进人类福祉，提升生活品质。回首数百年，就整体而言，科学和技术进步是可控的，尽管它带来了不同程度的社会不平等、社会异化，甚至战争灾难。

三 同步提升智慧治理和治理智慧能力和水平

同步提升智慧治理和治理智慧的能力和水平已经而且必须提上议事议程。ChatGPT产生后，舆论一方面为人类的研发能力欢呼雀跃，另一方面又为智慧技术进步对人类未来发展甚至生存的影响产生担忧。尤其是埃隆·里夫·马斯克（Elon Reeve Musk）等科学家建议有节制、有规制地开发人工智能技术，提出了当代社会发展和技术进步中的核心问题：技术发明到底为了什么？如果说，前三次工业革命主要是把人类从体力劳动中解放出来，那么第四次工业革命会把人类从智力劳动中解放出来，或部分地解放出来，使人类进入全新阶段。纵观历史，硅基生物进化与碳基生物进化有着惊人的相似性。硅基生物会不会取代碳基生物将是一个重大科学话题。面对这样的话题，不应当只有自然科学家、技术工程人员的介入和解读，还必须广泛吸收哲学、人文社会科学研究人员参与其中，开展有关大哲学、大科学的广泛讨论，共同探索人类福祉和技术未来，为技术发展定规矩，为社会发展定方向。面对第四次工业革命，人类必须更加负责地治理这个世界。哲学、人文社会科学必须认识到，一旦硅基生物形成自我意识，甚至产生自己的生产能力和组织能力，就意味着第四次工业革命造就了另外一种形式的共同体——硅基生命共同体，一个未来可能与碳基生命共生，也可能冲突的共同体。为此，政府部门要继续学习和使用最新信息技术，推进数字政府建设，加强数字经济监管，形成更加公平合理、充满活力的市场机制、数字经济；社会要充分利用数字技术满足生活服务需要；个体要在技术进步中参与社会事务，参与经济和社会发展，解决自身问题，建设更加和谐、健康的社会，提高生活品质；市场要充分利用数字技术提高生产效率，扩大市场规模，在促进高质量发展等方面发挥信息技术和人工智能的作用。ChatGPT 的出现标志着人类与技术、与人工智能之间的关系进入了新阶段。这是提高智慧治理能力和水平必须考虑的问题，要在提高智慧治理水平的同时，提高治理智慧的水平，把二者结合起来。

治理智慧在当前主要包括三个方面的内容。一是如何通过制定规则，达成共识，对信息技术、智慧技术、人工智能可能对人类带来的不利影响加以规制，确保人类使用智慧技术、人工智能的安全性，在智慧技术应用中得到全面发展，建设美好社会。二是通过对算法、模型、模态进行管理，例如，在编码中引入公平竞争、公平正义等能够推动人的全面发展的理念，设计确保各类计算工具能够维护市场规则，实现公平竞争，推动公平正义。三是安全管理智慧治理过程中积累下来的大量数据，要求技术人员、数据使用者确保客户用户隐私数据安全，使个人隐私和数据安全切实得到保障。总而言之，同步提升智慧治理和治理智慧的能力和水平是智慧技术生态下治理工作的新任务，也对治理理论创新提出了新要求。

数字时代的信用监管立法

王 伟[*]

当前,中国正在构建以信用监管为基础的新型监管机制。信用监管作为内生于中国本土的一项重要监管机制,有助于推动国家治理体系和治理能力现代化。在数字时代,信用监管要实现数字化转型,并通过信用监管立法将其纳入高度的法治轨道。

一 我国信用监管的数字化转型

(一)数字经济与信用监管的深度融合

当前,以计算机网络为依托的数字经济已经成为全球范围内经济社会发展的重要驱动力量。数字经济带来了商业模式的重构等经济社会运行方式的重大变迁,不仅构成了对既有制度规则的突破,而且带来了一系列的外部性影响,对旨在维护社会公共利益、促进经济社会发展的政府公共治理带来了巨大挑战。

信用监管是中国本土创新的一种新型监管机制,借鉴了征信、评级等经济信用的运行逻辑和技术机理,旨在提升政府的监管理性和监管效能。围绕信用监管的需要,我国形成了以《企业信息公示暂行条例》《国务院办公厅关

---

[*] 作者系中共中央党校(国家行政学院)政治和法律教研部教授。

于加快推进社会信用体系建设构建以信用为基础的新型监管机制的指导意见》《国务院办公厅关于进一步完善失信约束制度构建诚信建设长效机制的指导意见》等法律法规、政策文件为依据，涵盖分级分类管理、信用信息公示、失信惩戒、守信激励、信用修复、"双随机、一公开"、抽查检查等制度的制度体系，有力支撑了以信用为基础的新型监管机制的运行。习近平总书记曾经对政府监管与数字化的关系进行过深入的阐述和论证，他强调要"规范数字经济发展。推动数字经济健康发展，要坚持促进发展和监管规范两手抓、两手都要硬，在发展中规范、在规范中发展"。

党的二十大报告将社会信用与产权保护、市场准入、公平竞争等并列，共同作为市场经济的基础制度，凸显了社会信用在推动高质量发展、建设中国式现代化方面所具有的重要价值和作用。同时，党的二十大报告也提出要进一步加快建设网络强国、数字中国。这些重要论述，为数字经济时代的社会信用体系建设指明了发展方向。信用监管与数字中国建设的时代背景具有内在的逻辑联系。数字经济发展与信用监管相互融合、相互促进，这是推进数字经济时代社会信用体系建设的重要背景。

1. 数字经济发展需要有效的信用监管支持

数字经济的发展也极大地推动了经济社会的数字化变迁进程。信用监管要为数字经济这一新兴经济形态的健康发展保驾护航，增强政府数字治理能力，构建多元共治格局，实现信用监管与数字经济的深度融合。

2. 信用监管需要强大的数字技术支撑

社会信用体系建设以信息为基础，天然需要信息和技术的支撑。我国的信用建设，从一开始就呈现高度依靠数字技术的技术驱动型特征。当前，快速发展的信息和数字技术的运用有助于促进社会信用体系建设的智能化、精细化和多元化建设，数字技术已经成为加强信用监管的基础。

（二）信用监管呈现数字驱动型特征

当前，信用监管呈现高度的平台化、智能化、数字化的特征，属于典型的技术驱动型监管机制。

1. 信用监管的平台化

平台化是数字时代的一个重要特征，信用信息传递平台化是这一特征的直接表现。国家市场监管总局的国家企业信用信息公示系统及其他相关部委、地方政府搭建的公共信用信息共享和服务平台，也是信用信息平台化的重要体现。在经济金融信用领域，各类征信、评级企业也搭建了各自的数字化征信平台，为其开展业务提供重要的平台和数字基础。

2. 信用监管的智能化

从传统治理到数字化治理的一个标志性特征，便是治理方式和治理逻辑发生转变。传统的治理是用人去解决社会问题，而数字化的治理则是用数据解决社会治理问题。简而言之，数字经济时代的信用治理是将信用主体的行为画像不断信息化和数字化的过程，这为社会治理场景的多元化提供了信息基础和标准化基础。数字化使得信用主体的行为有迹可循，信息化则打破了内部与外部、各个环节之间的数据墙，显著提升了社会治理和公共服务主体在信用主体信息管理方面的效率。

3. 信用监管的精准化

信用监管具有强大的数据基础和架构，具有强大的数据分析能力。借助于数字技术，将各类主体的信用信息数据化，通过综合性的数据分析平台、专业的数据分析团队以及统一的数据管控机制，从而可以集中、高效和精准地对信用主体实现信用画像。大数据的模式将各个场景和领域的数据资源集中在一起，可用于分析的数据不再仅限于本土或自身执法的场景信息，形成的统一数据资源池使得包括联合奖惩在内的信用治理手段可以更加精准地作用于行为主体。

二 数字化时代信用监管立法的基本思路

党的二十大报告指出，全面依法治国是国家治理的一场深刻革命，必须更好发挥法治固根本、稳预期、利长远的保障作用,在法治轨道上全面建设社会主义现代化国家。信用监管数字化转型,需要不断强化法治保障,尤其要加强立法,确立社会信用综合立法与信用监管专门立法相结合的立法格局,通过高质量的信用立法不断推动信用监管高质量发展。

(一) 不断完善社会信用综合立法

1. 在社会信用立法中突出数字化的方向

目前,我国社会信用相关立法中已经呈现数字化转型趋势,互联网、人工智能、区块链等技术在社会信用体系建设中已经得到普遍应用。《陕西省社会信用条例》规定,省、设区的市人民政府确定的信用信息工作机构,具体承担本行政区域信用信息共享平台和信用门户网站的建设、运行和维护,依法开展信用信息的征集、披露、使用以及相关工作。社会信用立法中关于加强数字技术在社会信用体系中应用的规定,为推动社会信用与数字技术的融合提供了重要的法律依据。

未来由全国人大制定的社会信用法,应当定位于社会信用的基本法和龙头法,旨在为社会信用体系建设提供重要的法律运行基础。社会信用法应当为数字经济时代的社会信用体系建设确立基本法律框架,构建重要制度体系。

2. 数字立法中明确相应的信用机制

数字经济发展需要更多的社会信任,要通过相关立法及制度建设增进数字经济发展过程中的信任。目前,很多地方为促进数字经济发展,制定了数字经济促进条例,其中普遍规定了社会信用建设的内容。如《深圳经济特区数据条例》第五十四条规定,市人民政府应当依托城市智能中枢平台,加强监管数据和信用数据归集、共享,充分利用公共数据和各领域监管系统,推行非现场监管、信用监管、风险预警等新型监管模式,提升监管水平。在数字立法中明确相应的信用机制,有利于推动信用建设与数字建设融合发展。

(二) 系统构建专门信用监管立法

1. 关于企业信息公示与信用监管立法

我国在企业信用监管领域已经有较为丰富的实践。针对企业信用监管的新形势、新要求,未来应当进一步加强企业信用监管立法建设。

其一,企业信用信息公示立法。完善企业信用监管立法以及相应的基本规则,进一步修订完善《企业信息公示暂行条例》,在现有企业注册登记信息、备案信息以及"双随机、一公开"、"双公示"等信息公示机制的基础上,创新分类公示、章程信息公示、企业信用信息再利用等机制。通过信息公示进行有效的社会动员,创新监管方式,对企业实施有效监督。

其二,完善企业信用监管体系。建议由国务院制定企业信用监督管理条例,构建高度体系化、法治化的信用监管立法。企业信用监督管理条例应当按照信用在事前、事中、事后的应用逻辑进行分别规制,突出数字化应用场景,全面体现信用监管的数字化转型需要。企业信用监督管理条例的核心内容包括:(1)信用监管体系;(2)信用监管平台;(3)信用监管工具;(4)信用风险分级分类管理;(5)信用承诺制度;(6)信用奖惩机制;(7)信用修复机制。

2. 完善重点领域、重点行业信用监管专门立法

针对不同行业和领域的特点,形成具有鲜明特色行业性、领域性信用管理规定。目前,相关部门和领域不断开展信用监管实践创新,极大地丰富了我国的信用监管体系,为进一步完善信用监管机制提供了借鉴和思路。如国家市场监管总局制定的《市场监督管理严重违法失信名单管理办法》《市场监督管理行政处罚信息公示规定》《市场监督管理信用修复管理办法》三个部门规章和规范性文件,系统构建了市场监管部门信用监管新格局。又如《文化和旅游信用管理规定》专门对文化旅游领域的信用监管制度进行了规定,人社部制定了欠薪黑名单的部门规章,从而对高风险的行为实施有效的信用治理。

3. 推动信用监管的数字化标准建设

在现代市场经济运行中,标准在促进技术进步、社会治理、政府管理等方面都具有重要的基础性地位。在推进社会信用体系、建设数字化转型的进程中,应当充分发挥标准作用,规范数字技术的运用。继续探索数字时代信用监管制度和标准的建设,包括个人、企业、政务信息的采集、归集、共享、披露等重点环节的标准体系,各类信用信息平台的运行规范和标准,信用评价的规范和标准,信用档案的规范和标准等。

4. 探索和完善个人信用立法

个人诚信建设是社会信用体系建设的重要组成部分,也是今后社会立法和信用管理的重要内容。相比较企业信用立法,我国的个人信用立法相对薄弱,亟须加强。《国务院办公厅关于加强个人诚信体系建设的指导意见》对各部委就加强个人诚信体系建设提出明确要求,要求加快个人诚信记录建设,完善个人信息安全、隐私保护与信用修复机制,健全守信激励与失信惩戒机制,使守信者受益、失信者受限,让诚信成为全社会共同的价值追求和行为准则。在切实保护个人隐私及个人信息权益的基础上,要进一步推动个人信用管理立法,推动社会诚信建设。

(三)以高质量法治提升信用监管效能

从未来发展方向来看,要通过制定高质量的信用立法和规则体系推动经济和社会治理,提升信用监管效能,其重点内容包括:优化信用监管平台运行,规范公共信用信息的数字化管理工作,探索信用监管信息再利用,完善信用分级分类机制,完善信用奖惩机制,规范公权力主体的信用信息处理行为,强化权益保障。

在信用法治建设过程中,尤其要突出以下两个方面。

其一,规范权力运行。行政机关、司法机关等公权力主体掌握信用主体的大量信息,具有强大的信息数据处理能力,必须遵循"法定职责必须为、法无授权不可为"的基本理念,坚持依法行政的基本原则和要求。在公共信用信息的纳入范围、分级分类管理、信用评价、失信惩戒、守信激励等方面，要进行严格的法律规制，防止对信用主体的合法权益造成侵害。

其二，强化权益保障。数字经济时代的社会信用体系建设，很容易对企业或者个人形成信用画像。这固然有助于推动对信用主体守法或履约状况的理性判断，但也可能带来滥用信用信息、滥用失信惩戒等非法治化的问题。因此，数字经济时代的社会信用体系建设，对信用主体的权益保障至关重要。保护个人隐私、个人信息和企业的商业秘密，是数字技术合法正当应用的前提和基础。数字时代的社会信用体系建设，必须尊重和保护信用主体的合法权益，这是数字经济发展和社会信用体系建设的共同要求。

数字治理与包容性增长

何 奎[*]

一 关于国家治理案例

英国是世界上最早发生工业革命的国家,但是在这之前整个漫长的中世纪,它和欧洲大多数国家一样,处于一个很封闭、很落后的状态。到1688年发生的标志性的"光荣革命"之后,英国确定了一个现代议会制度,创造了多元化社会的基础。不仅如此,从那个时期开始,当时的英国政府开始为贸易、投资、创新活动提供一系列非常富有激励性的政策,从法律的制定、产权的保护到市场竞争秩序的维护都作出了一些规定。政府也积极鼓励英国的老百姓从事商业经营活动,鼓励他们做海外出口贸易,甚至还派出海军保驾护航。

1624年,英国女王颁布了世界上最早的《专利法案》,打破了此前由王室和贵族垄断的特许经营权,把很多经营权下放到民间,而且,政府也不再随意增税。这一系列措施刺激了当时的经济交易和技术创新。为什么是英国的瓦特发明了蒸汽机,而不是别的国家的人发明了蒸汽机?为什么工业革命在英国率先拉开序幕,并实现长达一两百年比较持续稳定的增长?这些主要是由于英国当时采取了一系列激励性的政策措施。

---

[*] 作者系生活·读书·新知三联书店副总编辑。

二 关于企业治理案例

2012年,海尔集团董事长张瑞敏提出一个新的发展战略——网络化战略。海尔集团从创业之初每隔五六年就会提出一个新的战略。网络化战略的基本理念是倡导企业无边界、管理无引导、供应链无尺度。它改变了传统的分级式的组织架构和运营体系,培养了大量的内部创业平台和国外合作平台。在一次企业的考察访问中,他曾经引用庄子的一句话来谈企业现在跟员工的关系:"相濡以沫,不如相忘于江湖。"之前,员工如果有生老病死,海尔肯定会给予很多关照,包括员工在当地看不上病,公司都会想办法帮助。但是,现在公司鼓励员工成为自己的CEO,在公司搭建的互联网平台上创业。那时候他提出网络化战略和内部创业,还是挺先进的一个理念。10年过去了,这个战略的效果怎么样?2022年,在这个创业平台上面产生了大概有470多个项目,汇聚1300多家风险投资机构,孵化和孕育了2000多家小微公司,其中上市公司有7家,还有专精特新"小巨人"企业100多家。

三 总结

从上面两个案例看出,无论是国家治理还是企业治理,如果实行包容性的制度或者包容性的经济制度,就能够实现包容性的发展和包容性的增长。包容性制度理论是美国麻省理工学院德隆·阿西莫格鲁和哈佛大学詹姆斯·A. 罗宾逊两位教授提出来的。在今天的数字化时代,数字化治理如果想实现同样的包容性发展和增长,从经济的角度来看,就需要考虑以下五个基本要素。

第一,要维护自由公平的市场竞争秩序。市场经济的本质就是自由平等的竞争。其前提是自由竞争,不同的竞争主体、不同所有制属性的企业、不同规模的企业都有权利平等地参与市场竞争,都可以根据自己的资源禀赋来发挥自己的比较优势。这需要消除一些领域中的所有制歧视或规模歧视,还需要公平竞争。大家都来参与竞争,当竞争达到某个程度时就会出现超级竞争者。超级竞争者如果更快地成长,可能成为寡头,直至升级为垄断企业。当市场上出现垄断企业的时候,其他的企业可能没有力量去抗衡,也没有办法改变市场竞争的格局,这时候政府的"无形之手"就要发挥作用,需要在一定范围内规范和维护平等竞争关系。需要注意把握好政府发挥作用的方式、反垄断的方式,不仅要用行政方式、行政手段,还要善于用市场方式、法律方式进行调节,这样调控的效果会更好。

第二,要完善激励创新的制度体系。 人类的创新活动会产生两个类型的收益:创新者本人或机构、组织的私人收益,给社会带来的收益。这两个收益之间要匹配好、平衡好,尤其是对私人的收益一定要合理地给予关注和维护。因为只有当私人的收益能够得到有效保障的时候,这种创新的活动才能够持续进行和开展。英国《专利法案》发布之后,立马点燃了整个英国的技术创新之火。美国总统林肯曾经说过一句话:"专利制度就是给天才之火,添加利益之油。"当美国看到英国的创新活动撬动了经济增长的发动机,也开始加大了对专利的保护。后来美国之所以快速崛起,除了通常提到的一些因素之外,很大程度也来自技术创新。

激励创新的制度,除专利制度之外,还有投融资的政策或者制度。最近20年,中国通过新型融资方式(包括 VC、PE 等)培养了一批新型企业,甚至一批独角兽企业。未来还需要针对不同类型、不同所有制的企业,进一步创新投融资工具,更好地激发创新的活力。

第三,要尊重和保护企业家精神。 无论从古典主义到新古典主义,还是到现在的经济增长理论,都强调土地、劳动力、技术,还有知识、人力资本等作为生产要素,认为它们是经济增长的源泉。其实,还有一个很重要的要素就是企业家精神。因为企业家把这些生产要素有机地甚至是创造性地组合起来,让它释放一种新的能量,最终创造新的社会财富。

"企业家精神"这个概念大约从 20 世纪 80 年代开始引入中国,在过去 40

多年的改革开放进程中涌现了一批优秀企业和富有企业家精神的企业家。但是前一阵社会上一度出现了对一些企业尤其是民营企业的负面舆论和噪音杂音，影响了企业家的投资信心和预期。最近我国强调大力弘扬企业家精神，需要社会各个领域来共同营造尊重和保护企业家精神的氛围。实现共同富裕是一个重大历史使命，既等不得也急不得，不可能一蹴而就，是一个渐进的过程。在这个过程中既要把蛋糕分好也要把蛋糕做大，而企业家在做大蛋糕、创造财富的过程中发挥的作用是比较独特甚至是不可替代的。而对于企业家在经营管理中出现的一些不当行为，则依法依规地给予约束和引导。

第四，要注重稳定政策的预期和市场的预期。 卢卡斯提出的"理性预期"理论在今天依旧没有过时。市场主体、消费主体、投资主体都是根据预期来作消费决策和投资决策。如果投资者对未来经济发展的预期比较好，对自己企业发展的预期比较好，就可能源源不断地加大投资。对普通的消费者群体来讲，如果觉得未来的收入预期、职业成长预期、经济发展预期比较好，也会进一步加大消费。在20世纪90年代，中国家庭储蓄率达到60%，后来随着住房货币化改革以及市场化进程加快，家庭储蓄率逐渐下降到40%左右。近几年，因为新冠疫情的冲击和全球经济增长乏力，中国家庭储蓄率又有所提高。这说明大家可能对未来的预期有点不太确定，从而削减消费和开支，把钱更多地用来储蓄。这就需要进一步开掘经济增长的新动能、新动力，稳定投资者和消费者对未来的预期与信心。另外，在调节宏观经济政策时，要注重提高逆周期调节的时、度、效。在经济过热的时候，需要出台一些收缩性的政策；经济过冷的时候，需要出台一些刺激性的政策。在经济下行的时候，如果一些部门恰恰出台收缩性的政策，只会雪上加霜、适得其反。

第五，要正确统筹发展与安全的辩证关系。 发展与安全之间是一对辩证关系。一方面，要守住安全底线，例如从经济角度来讲，要守住重大经济风险、金融风险底线；对于一些新鲜事物要给予鼓励，对于一些创新活动要加以支持，不能简单地因为它可能存在风险或者感觉不安全，就予以限制或关闭。对于数字经济时代涌现出的许多新经济形态，先让其去成长、去探索。

就像飞机一样，飞机在什么情况下是最安全的？通常的理解是：不飞是最安全的。但实际上，不飞也是不对的，好的飞行员能够平衡好空中飞行和安全着陆之间的关系，能够在万里飞行之后平安落地。前不久，中央领导同志在一次答记者会上批评了一些部门只管踩刹车、不管踩油门，只管设路障、不管设路标。这实际上批评的就是一些部门没有正确地理解和统筹安全与发展之间的辩证关系，将二者予以机械地对立、割裂分开。因此，坚持守住安全底线的同时，要加快发展、促进发展，进而在动态发展中实现动态安全。

党建引领的深圳经验

陈家喜　白　瑜*

作为改革开放后党和人民一手缔造的崭新城市,深圳在新征程中肩负着建设中国特色社会主义先行示范区、率先实现中国式现代化的艰巨使命,也肩负推动城市基层党建与基层治理先行示范的重要使命。2018年10月24日,习近平总书记考察深圳北站社区时指出,要把更多资源、服务、管理放到社区,为居民提供精准化、精细化服务,切实把群众大大小小的事办好。[①] 2020年10月14日,习近平总书记在深圳经济特区建立40周年庆祝大会上强调,要以改革创新精神在加强党的全面领导和党的建设方面率先示范,努力走出一条符合超大型城市特点和规律的治理新路子。[②] 近年来,深圳市坪山区以"社区党群服务中心+民生诉求系统",探索党建引领与数字治理的有机结合,推动城市基层治理机制创新。

一　党建引领城市基层数字治理的新趋势与新问题

政党引领成为理解中国城市社会基层治理的关键词。中央对于城市基层

---

* 作者分别系深圳改革开放干部学院副院长、博士生导师,兼任深圳大学政府管理学院教授;新华通讯社广东分社记者。
① 《高举新时代改革开放旗帜　把改革开放不断推向深入》,《人民日报》2018年10月26日。
② 习近平:《在深圳经济特区建立40周年庆祝大会上的讲话》,《人民日报》2020年10月15日。

党组织的功能表述有很多，从"最后一公里"、大抓基层、全覆盖到战斗堡垒、执政之基、力量之源、长远之计、固本之举等，①突出表明基层党组织在党执政布局中的战略性地位。党的二十大更为明确地提出，推进以党建引领基层治理，加强城市社区党建工作，把基层党组织建设成为有效实现党的领导的坚强战斗堡垒。②党的十八大以来，加强党的全面领导和党的建设不仅成为政党治理的核心要求，也构成自上而下的宏观政治情境。2018年全国组织工作会议提出，要加强基层党组织建设，以提升组织力为重点，突出政治功能，推动基层党组织全面进步、全面过硬。2021年，中共中央、国务院印发《关于加强基层治理体系和治理能力现代化建设的意见》，再次强调要健全基层治理党的领导体制，把基层党组织建设成为领导基层治理的坚强战斗堡垒，使党建引领基层治理的作用得到强化和巩固。随着加强党的全面领导向基层社会下移，社区党组织成为党执政的重要基石，成为党团结联系服务群众的"最后一公里"，也因此获得更多的赋权和资源。

随着信息技术的普及及其对社会经济的渗透，数字治理成为中国城市基层治理的新趋势。如微信作为工作群、业主群、领导群、治理群的工具被广泛应用，大量监控视频的安装及信息采集，网格员的出现及网格数据的应用(一些智慧城市基础设施的应用，如智能传感装置消防通道地磁感应、井盖状态监测、雨污水管线监测、消防烟感、消防栓及消防水池检测等)。全国积极推动城市基层数字治理的广泛探索和实践。2018年，上海开启"一网统管一网通办"的超大城市智慧化建设，以市民需求为核心，以全覆盖、全过程、全天候为要求，以法治化、智能化、标准化、社会化为手段，推动城市精细

---

① 《全面从严治党向基层延伸》，《人民日报》2017年6月29日；《"最后一公里"不能出现"断头路"，习近平总书记谈基层党组织建设》，求是网，https://baijiahao.baidu.com/s?id=1674551753362809193&wfr=spider&for=pc。
② 习近平：《高举中国特色社会主义伟大旗帜 为全面建设社会主义现代化国家而团结奋斗——在中国共产党第二十二次全国代表大会上的报告》，《人民日报》2022年10月26日。

化治理。① 织密城市治理感知网络，建立市、区、街镇三级城运中心，三级平台与上下级平台之间数据初步贯通，形成"王"字形架构，按照统一标准开展数据治理。推动形成自然人、法人、地理空间、电子证照等四大综合数据库，公共安全、市场监管、卫生健康等八个主题数据库，以及土地房屋、小微企业、城市部件等一批专题数据库和临时数据库。基于这一数据库打造务实管用的智能化应用场景，实时动态"观管防"一体化的城运总平台，高效处置突发事件的联动指挥系统。② 2020年10月，北京印发《关于进一步深化"接诉即办"改革工作的意见》，正式启动城市基层治理的创新实践。整合64条政务便民服务热线形成12345市民服务热线平台系统，开通首都之窗网站"12345网上接诉即办"平台，搭建起以"北京12345"微信公众号为主，涵盖微信、微博、"北京通"App、"人民网"领导留言板等17个渠道的互联网接诉即办诉求响应矩阵。按照诉求分类和管辖权属，编制共计2395项三级分类的派单目录，并实行动态调整更新，提升派单精准度。实行不同类型诉求四级响应、差异化管理，将接诉响应率、问题解决率和群众满意率"三率"作为考评核心指标，强化解决问题的导向和群众满意的目标。③ 接诉即办以12345市民服务热线为主渠道，以数字技术为手段，以群众诉求为驱动力量，探索超大城市治理新机制。

上述城市基层数字治理的新探索，推动城市基层治理的重要转变，社区面向群众服务的事务由于数字化技术的应用而大大减少，基层治理的智慧化智能化程度极大提升。然而，必须指出的是，当前城市基层治理仍然存在一些较为突出的问题。

---

① 石磊、熊竞、刘旭：《上海"两张网"建设的发展背景、实践意义和未来展望》，《上海城市管理》2021年第30期。

② 赵奇：《关于"一网统管"工作情况的报告》，上海人大网，http://www.spcsc.sh.cn/n8347/n8407/n8938/u1ai234759.html。

③ 中国社会科学院政治学研究所课题组：《坚持人民至上 共创美好生活——北京党建引领接诉即办改革发展报告》，《管理世界》2023年第1期。

(一)社区兜底现象:听得到炮声,指挥不了战斗

由于基层治理责任繁重,区和街道的基层工作落地有难度,区和街道习惯于采取压实责任、层层下派的方式落实工作。一些区级职能部门如宣传、统战、政法、信访、民政、劳动、水务、城管、安监、工青妇、侨办、科协、残联等,为了便于在社区开展工作,习惯于在社区加挂牌子,但是服务资源并没有下沉到社区。社区往往调动不了资源,听得到炮声,却指挥不了战斗。一些区直部门更习惯于随时"甩锅"给街道,街道作为"二传手"再"甩锅"给社区。社区领任务、签责任状,上级部门和街道对社区进行考核打分排名,考核结果甚至纳入"一票否决"范畴。由此导致的结果是,社区权力有限小,责任无限大。凡是社区范围的所有公共事务,都由社区党委及社区工作站"摆平",它们成为城市基层治理的最终兜底单位。

(二)条块分割现象:条条在基层、各有各的"腿"

为了便于将安全生产、城市管理、综治维稳、治水提质等工作落实到基层,一些区级职能部门在社区设立专门的工作队伍,如网格员、城管协管员、森林消防员、安全生产巡查员、查违协管员、民兵应急分队、社区治安队等。这些分散在社区的工作队伍,分属各条线的政府部门,互不隶属,相对独立开展工作,进而造成条条在基层,各有各的"腿"的现象。与此同时,这些工作队伍由于工资薪酬、福利待遇以及职业成长由所属的条条部门决定,因此,社区对工作在社区的队伍"看得见、摸不着",没有指挥支配权力,无法统筹协调拧成一股力量,造成基层治理资源分散浪费的问题。常常出现的情况是,不同部门的多支队伍在同一区域和同一场所,根据自己的需要开展巡查整治,巡多整少,效果不好。

(三)信息鸿沟现象:"信息系统烟囱"林立

为了提升政务服务的信息化水平、加快数字政府和智慧城市建设,许多

基础数据都要求由社区进行统计录入。然而，由于政府各部门的信息系统不兼容，数据标准不统一，缺少统一的信息数据共享平台，进而形成一个个"信息系统烟囱""数据壁垒""信息孤岛"。目前依然存在依赖传统治理路径、数据资源要素共享难、数字治理生态不健全、"最后一公里"难打通等问题。互联互通难、数据共享难、业务协同难"三难"不同程度存在，网络通、数据通、业务通"三通"仍有瓶颈需突破，跨部门、跨层级、跨区域"三跨"难点痛点和突出问题亟待攻坚解决。① 这一状况也给社区造成沉重的负担，一般社区在使用或填报的信息系统在15个左右，最多的达46个。各职能部门要求社区提供统计数据时，所需要的统计口径并不一致，甚至同一部门做同一类调查时每次下发的表格格式都不一致，造成社区工作人员经常重复上门、重复登记，不堪重负。

（四）科层化现象：社区机关化，服务空心化

尽管社区是一个集管理、服务与自治的复合治理单元，但社区党委及社区工作站的核心职能是服务于基层党员群众。然而，赋权增能之后的社区党委（包括社区工作站），一定程度上出现科层化现象，即参照上级党政部门架构过分突出行政化和机关化色彩，服务功能被大大弱化。一方面，社区党委书记被赋予对应的行政职级之后，社区党委的其他班子成员也想当然地对照参考相应的职级待遇。由于社区不受党政机关办公用房建设标准限制，因此不少社区"两委"委员都配备单独办公室。许多社区党委办公场所和服务场所往往相互分开、相对独立。另一方面，在工作内容上，社区作为街道办事处的色彩比较明显。社区承接着大量行政事务，日常投入较多的人力、物力在安全生产、信访维稳、城市管理等工作上。甚至在机构设置上，一些社区党委也采取"一办N组"的设置模式，保持与街道内设机构大体对应。并且，

---

① 赵奇：《关于"一网统管"工作情况的报告》，上海人大网，http://www.spcsc.sh.cn/n8347/n8407/n8938/u1ai234759.html。

标准化之后的党群服务中心出现重硬件轻内容、重形式轻服务等现象。党群服务中心展示功能多于应用功能，硬件投入多于服务投入，参观人员多于活动群众的倒挂现象。党群服务中心日常工作大多委托社工机构运营，社工流动性大，不能根据居民需求开展专业服务，只能沦为"场地看管人"，坐等群众上门。社区"千人一面"、服务"千篇一律"问题明显，一般性和同质化的活动难以广泛调动群众积极性，无法有效满足群众个性化、差异化需求，"供给真空"与"供给过剩"并存。

三 政党引领结合数字治理：坪山区"社区党群服务中心＋民生诉求系统"的探索实践

深圳 40 多年快速发展是中国改革开放和城市化的精彩缩影。从边陲小镇到国际化大都市，深圳仅用了 40 年的时间。随着深圳城市化快速发展，深圳基层治理体制也发生了适应性变革，从镇村体制到街社体制，从居站分设到一核多元，基层治理体制得到不断深化和加强。2015 年，全市推行社区党建标准化工作，深圳城市基层治理体制逐步定型，形成以社区党委为核心，社区工作站、社区居委会、物业公司、业主委员会、社区社会组织等共同参与的一核多元治理体制。社区党委在社区治理体制中的领导核心得到明确巩固，被赋予事务决策、人事安排等四项权力。在全市 655 个社区同步建设的社区党群服务中心成为党和政府联系服务群众的集约平台，社区居民在社区党群服务中心享受心理咨询、日间照料、法律援助等各类服务事项。同时，社区党委书记地位和待遇也得到相应提升，社区治理的整体格局发生显著变化。

从 2016 年开始，坪山区探索一站式公共服务和诉求受理平台，以党建为引领、以科技为支撑、以民生问题为导向，探索"一网统管""一站通办"基层治理新路径。坪山区先后整合了 12345、网格管理、政府邮箱、微信、微博等 151 个线上民生诉求受理渠道和事件分拨系统，将全区各类治理事件全部纳入"@坪山"民生诉求系统"一条管道"进行受理。同时，该系统汇总各渠道、系统的事件分级分类标准，形成了四级 1285 类的"一网统管"职责清单，构建"1＋6＋23＋N"分拨体系，对各类事件进行高效调拨。在此基础上，从 2020 年开始，坪山区实施"社区党群服务中心＋民生诉求系统"改革，以党群服务中心为枢纽、以现代科技应用为支撑，在社区层面推动"一网通"打通线上线下民生诉求、"一支队伍"激活治理效能、"一站式"党群服务中心提升服务功能、"一线工作法"密切党群干群联系，旨在通过政党引领加数字治理，解决长期没有解决的困扰街社权责不清问题。此项改革先在马峦街道坪环社区试点，随后又在全区 23 个社区全面推广。

（一）党建引领：城市基层治理的关键动力

增权赋能，强化在社区治理中的权力中心地位。 向社区党委增能，强化治理主轴作用。2016 年，深圳推进社区党建标准化工作，强化社区党委作为社区治理的领导力量和核心主体地位。实施社区党建标准化改革，从权力、资源、场地等方面向社区党委增能，全面推进组织设置、党员管理、治理结构、服务群众、工作职责、运行保障等"六个标准化"建设，赋予社区党委的领导保障权、人事安排权、监督管理权、事务决策权"四项权力"，严格落实社区事务准入机制，全面提升社区党组织的组织力。[①] 2018 年，深圳印发街道党工委和社区党委工作规则，进一步厘清二者权责权限。街道发挥轴心龙头作用，统筹融合扩大园区、商圈、楼宇、互联网业等新兴领域党的组织覆盖和工作覆盖；社区党委负责整合资源兜底管理，发展整合辖区资源、服务社区群众、领导基层治理、建设美好家园。在这一背景下，坪山区加强社区党委书记队伍建设，突出"头雁"角色，将其纳入干部人才队伍总体规划，提高社区党委书记的薪酬待遇；社区党委书记享受七级职员待遇，任职满 6 年可配置事业编制，并打通晋升公务员和街道领导通道。

整合队伍，打破上下条条的"楚河汉界"。 针对以往街道、社区队伍众

---

① 《社区党建标准化建设意见出台》，《深圳特区报》2016 年 1 月 29 日。

多，存在多头管理、反复巡查、人力资源得不到充分利用等问题，坪山区以提升治理效能为目标，制定社区"一支队伍"综合整治改革指导意见，着力解决"看得见的管不了、管得了的看不见"的基层治理难题，推动基层治理资源的集约使用。一是整合街社工作队伍，构建"事权归街道、指挥在社区"的工作架构。按照"部门管建、社区管用"原则，将网格员、消防整治、城管巡查等队伍与社区治安队进行整合，成立社区综合整治队伍。该队伍指挥权归属社区党委，统筹开展网格综合巡查、信息采集审核以及消防安全、城中村和"三小"场所整治、城市管理、交通安全、小散工程监管、社区巡查等工作。选派街道优秀科级干部担任整治队长、兼任社区党委副书记，选派街道党工委委员担任社区党委第一书记，具体指导推动综合整治工作。① 二是再造整治工作流程，构建"发现+整治+反馈+复查"工作闭环。综合整治队员依托民生诉求系统，通过手机 App 与"一网通"数据同步对接，把网格信息采集、巡查问题、安全隐患整治等工作及时录入系统、全程纪实。推行分类处置模式，梳理固化 141 项社区综合整治事项，明确 21 项即采即办事项，实现简单事项即采即办、重点难点事项协同办理。三是重塑巡整工作机制，形成"人往格中去、事在网中办"的工作格局。把若干基础网格组成一个片区，由综合整治队员在区域内包干负责巡查整治工作；采取日常巡整和集中整治相结合方式，对日常巡整未解决的问题，每周由社区党委和综合整治队联合开展集中整治。通过把整治力量汇聚到网格、责任明确到网格，做到"人往格中去、事在网中办"，实现"社区吹哨、部门报到"的工作格局。

强化服务，扎实做好群众服务工作。 一方面，采取一站式对接公众需求。聚焦居民身边小事急事难事，用好每个社区 200 万元民生微实事经费，把"长者生日会"等工作纳入民微项目库，突出社区党委主导作用开展民生微实事；针对群众心理健康服务迫切需求，在区党群服务中心创新设立安心

---

① 《推出"社区党群服务中心+民生诉求系统"改革，党建引领基层治理现代化的坪山实践》，《南方日报》2020 年 8 月 12 日。

学院，实施包括安心热线、安心地图、安心宝盒、安心博士、安心讲堂、安心手册、安心宝典、安心家书等"八个标配"项目的"安心行动"。针对教育、交通、环保等领域公众关心的话题，开展"政策宣讲进基层"活动，由社区群众点题，不定期组织职能部门负责人到党群服务中心宣讲。结合常态化疫情防控，组织中医中药、心理健康、公共卫生、医疗保障"四进"社区送健康，组织生物医药高层次人才到社区开设"人才微课堂"。另一方面，实施"一线工作法"密切党群干群关系。全面开展区委常委挂点街道、区领导联系社区、处级干部包点居民小组、常态走访工厂企业的"挂街联社包居进厂"工作机制，由各级领导干部牵头解决民生诉求系统超期办理、久拖不决等重难点问题。社区专职工作者上门入户深入困难户、五保户、信访户等各类群体，面对面做好群众工作。建立社区专职工作者对接联系服务群众工作机制，由"居民上门"转向"我上门"服务，把收集社情民意放在工作的第一位。建立"党群共治"微信群，实现了预约服务、政策传达、发布通知、传递正能量、收集建议、联动应急等功能，加快问题矛盾发现、反馈和解决。

一站通办，打造社区党群服务圈层。 推动更多资源、管理、服务下沉集聚，发挥党群服务中心在公共服务、矛盾化解、疫情防控中的作用。围绕"去机关化"，按照"服务场所最大化、办公场所最小化"原则，整合优化社区办公和服务场所，由原来的社区党委委员"一人一间"变成"格子间"集中办公。社区办公面积占比从55.5%下降为28%，服务面积占比从44.5%上升为72%。马峦街道坪环社区实施拆墙透绿工程，由"院内办公"转为"敞开服务"，居民办事不用像以前一样到保安处登记。拆除社区党群服务中心的围墙，把社区周边主题公园、综治中心、警务室、社康中心等功能模块串联起来，形成"5分钟党群服务圈"，实现服务群众最大化、最优化。

（二）数字治理：城市基层治理的技术驱动

凝聚资源，建设城市基层治理的数据系统。 导入"一网通"系统，推进社区治理智慧化。坪山区依托智慧城市、数字政府建设成果，将时空信息云平台、大数据平台、视频感知平台的人、房、法人、城市部件、地理信息、视频资源接入社区"一网通"系统，做到每个城市部件主管单位、权属单位、养护单位、所属区域等信息清晰呈现。该系统又整合归并150余个受理渠道，分步骤接入公安、政法、信访、城管等部门掌握的非涉密业务数据。7766个一类、二类高清视频探头使用权限，38548个城市部件信息全部下放社区。组建社区治理数据库，涵盖社区人口、房屋、公共设施、政务服务、公共服务等基本情况，以及民生诉求"一网通"办理、一支队伍抓整治、党组织联系服务群众等数据信息，做到全域实时感知、历史信息实时查询，实现社区治理智慧化。

梳理"一网统管"职责清单，明晰区、街道、社区权责。 围绕"办好群众大小事"，全面梳理区部门、街道、社区需要处置的事件，将同类事项在不同部门的职责分工串联起来，实现事件的全流程、全周期管理。编制形成职责清单，涵盖市容环卫、安全管理、环保水务等4级19类1285项事件，实现职责清单化、条目化、法定化。建立首问负责机制、动态调整机制、争议调处机制，并将其导入民生诉求系统予以固化。这些做法大大提高民生诉求事件的处置效率，各类事件办结率达99.98%，近一半事项1天办结，3天内办结事件达71%。把群众反映的各类问题全部纳入"一网统管"，实行"大数据推送＋社区党委感知＋呼叫部门响应"工作机制，按流程权限分拨调度、限时办理，实现社区事权社区解决，非社区事权由系统分拨到责任部门解决。2020年全年52.5%的事件调度到区级解决，39.1%的事件调度到街道解决，社区仅负责8.4%的事件，真正做到"民有所呼、我有所应，一网通办、一网统管"。

构建一站式公共服务供给机制。 在各社区党群服务中心政务服务综合窗口，居民可现场办理215项事务，可通过政务一体机在线办理176项事务，可办理88项下沉区直部门社区服务事项，群众不出社区就可把事情办好。截至目前，社区党群服务中心累计提供政务服务13万人次。在每个社区推动设立人民调解岗，配备1至3名人民调解员，开展法官进社区、检察官进社区、律师和法律顾问进社区活动，依托民生诉求系统呼叫法院、司法局等单位开展社区人民调解，联动化解矛盾纠纷。

三 党建引领数字治理：中国城市基层治理的新趋势

习近平总书记指出，"运用大数据、云计算、区块链、人工智能等前沿技术推动城市管理手段、管理模式、管理理念创新，……是推动城市治理体系和治理能力现代化的必由之路"[①]。作为一座国际化创新型城市，深圳聚集一大批数字经济和信息服务企业，也在智慧城市治理和服务上率先进行探索。坪山区通过"社区党群服务中心＋民生诉求系统"改革，开发民生诉求受理平台，精准感知居民服务诉求，解决群众反映诉求渠道不畅、解决群众难点痛点不及时等问题；把数字技术与城市基层党建深度融合，连通基层公共服务综合平台，整合服务信息资源，在党组织与群众、资源供给与资源需求之间架起桥梁，推动城市基层治理机制创新。

（一）夯实基层基础，坚持党建引领城市基层治理

社区是党执政的基层基础，基础不牢、地动山摇。习近平强调指出，做好基层社会治理工作的关键是加强党的领导，就是靠党组织的加强和延伸、创新，把基层工作做好。任凭风浪起，稳坐钓鱼台。[②] 通过发挥党组织在城市社区的战斗堡垒作用，发挥好党员干部的先锋模范作用，强化党对社区的政治引领，才能筑牢党在城市基层社会的执政根基。坪山区在全市统筹领导下，开展社区党建标准化建设，着力加强社区党委在基层治理的领导核心地位；突出强化"党群服务圈层"建设，服务群众零距离，不断强化党对基层社会

[①] 《统筹推进疫情防控和经济社会发展工作 奋力实现今年经济社会发展目标任务》，《人民日报》2020年4月2日。

[②] 《充满希望的田野 大有可为的热土——习近平总书记考察吉林纪实》，《人民日报》2020年7月26日。

的引领整合作用。社区是党群联系的重要场域，要把密切党群关系作为城市基层治理的着力点。基层党组织是贯彻落实党中央决策部署的"最后一公里"，而城市社区是党组织和党员干部联系群众的第一线。只有把党的组织建设好，把党群关系密切好，党在城市基层社会的基础才能稳固。坪山区采取一线工作法，构建制度体系，推动党员领导干部和社区工作者深入社区群众，形成对接联系服务群众工作机制，由"居民上门"转向"我上门"服务，把收集社情民意放在工作的第一位，不断巩固党群干群关系。

进一步强化党建引领，一方面，通过赋权增能，巩固社区党委在基层治理的领导核心地位，增进社区党委在城市基层治理中的统筹协调能力，有助于推动城市基层社会走向善治。建立区域统筹、条块协同、上下联动、共建共享的严密组织体系和工作运行机制，形成以社区党委为中心的党建引领社区治理格局。另一方面，平衡好科层化权威和社会化权威，把联结群众作为功能发挥的落脚点。作为社区治理结构中的关键主体，社区党组织既需要运用科层化权威强化分散资源的集聚和跨部门跨组织协调，同时面向社区事务时也要以柔性化方式吸纳社区其他治理主体的参与，实现有效动员和有效服务。在城市社区的治理空间当中，应当适度淡化科层化权威和社会化权威的界限。社区党组织通过自上而下承继的科层化权威是为了更好地动员居民参与和拓展居民社区服务，进而获得居民的认同感、强化社会化权威，反过来再利用社会化权威将更多的群众团结在自身周围，有效推动党和国家政策在社区的落地实施。[①]

（二）强化数字治理，要善用技术手段破解城市基层治理难题

习近平总书记指出，城市治理是国家治理体系和治理能力现代化的重要内容。一流城市要有一流治理，要注重在科学化、精细化、智能化上下功

[①] 陈家喜：《中国城市社区治理的新变化：基于政党功能视角》，《政治学研究》2023年第1期。

夫。① 长期以来，困扰城市基层治理的一大难题是政府与社会不分，条条与块块割裂，由此导致的问题是社区成为城市基层治理的兜底单元。为此，北京开展"街乡吹哨、部门报到"，强化街道乡镇党工委的统筹协调功能，推动各类城市管理力量往街乡下沉聚合；上海将党建嵌入"一网通办、一网统管"改革，探索党建引领下的超大城市智慧化治理之路；浙江全面铺开"县乡一体、条抓块统"改革，采取"党建统领、赋权乡镇、多跨协同、数字赋能、整体智治"，破解基层治理难题。坪山区优化治理层级、厘清职责体系是推动各类治理资源力量有条不紊落实到基层的重要保证。细化制定"一网统管"职责清单，从源头上厘清各类事项的部门职责，确保可操作、可执行，显著提升系统治理的精准度。同时，整编力量推动"一支队伍"综合整治，织密线下治理网络，通过线上线下结合，将群众各类诉求"一网兜底"。

进一步推动城市基层数字治理，加强数据整合集成，实现"一网统管"。打破"数字鸿沟"，整合社区人口、房屋、公共设施、政务服务、公共服务等数据，构建社区治理数据库，实现城市部件、地理信息、视频资源等信息"一网统管"，做到每个城市部件主管单位、权属单位、养护单位、所属区域等信息清晰呈现。加强物联网感知设备建设，提升智慧预警能力。推进自来水、电力、燃气、排污、交通路网、地下管网等物联网全域覆盖，在社区布设消防通道地磁感应、井盖状态监测、雨污水管线监测、电器火灾监测设备等，相关数据接入社区治理数据库，提升社区安全防控的预警能力。加强数据分析能力，提升智慧决策水平。基于社区大数据资源，利用大数据、人工智能、算法、信用评价等技术手段，开展社区智慧治理，进行适龄人口学区预警、社区老人服务自动推送、社区交通提前疏导，等等。② 总而言之，通过数字赋能和技术创新，提升社区治理智慧化，推动社区党委减负和社区服务提升，驱动社区治理机制优化，发挥技术创新与机制创新联动的治

---

① 习近平：《坚定改革开放再出发信心和决心 加快提升城市能级和核心竞争力》，《人民日报》2018年11月8日。
② 陈家喜、赵怡需：《党建引领城市社区治理机制的深圳经验》，《特区实践与理论》2022年第5期。

理效能。

(三）坚持服务导向，把服务群众作为城市基层治理的落脚点

习近平总书记指出，城市的核心是人，城市工作做得好不好，老百姓满意不满意，生活方便不方便，城市管理和服务状况是重要评判标准。[①] 当前城市基层治理的一大误区是见物不见人，重硬件轻服务，重形式轻内容。要从服务基层群众出发，将其作为城市社区工作的出发点和落脚点，就必须将管理服务资源下放到基层，精准把握基层群众的利益诉求。推动各类下沉基层的资源、服务、管理更好地发挥作用，精准把握群众需求是重要前提。坪山区依托民生诉求系统，将方方面面的民生诉求集中起来，通过建立"一网统管"系统，对海量数据快速收集、筛选和分析，去了解群众的需求，切实解决好群众的操心事、烦心事、揪心事。同时，建立评价反馈机制，通过群众评判服务质量、服务效果，来检验各部门提供服务的精准化精细化水平，有利于及时调整服务、提升服务与需求的契合度，及时发现苗头性问题，发现基层治理的规律性问题，让基层决策更有前瞻性和科学性。

进一步强化社区服务，在多重任务交织和治理任务繁重的压力下，过分地依赖社区党组织包揽兜底，结果形成一元化治理，治理成本高企，治理活力缺失。让社区党组织将更多的精力从烦琐的行政事务中摆脱出来，聚焦于社区场域、社区居民和社区事务。要充分信任和动员社区自治的力量，搭建更多的自治平台和协商机制，组织动员社区居民和社区社会组织参与社区事务的治理过程，真正构建起人人参与、人人尽力、人人共享的社区共同体。

---

① 《全面贯彻新时代党的治藏方略 谱写雪域高原长治久安和高质量发展新篇章》，《人民日报》2021 年 7 月 24 日。

智慧长江的芜湖经验

张 平*

芜湖市位于安徽省东南部,地处长江下游,是长江经济带重要节点城市和安徽省副中心城市,境内山清水秀,江河密布,湖泊纵横,长江、青弋江穿城而过,赭山、天门山等点缀其中,素有"半城山、半城水"的美誉。李白也曾惊叹于雄伟壮丽的天门山,而留下"天门中断楚江开,碧水东流至此回"的千古诗句。长江芜湖段河道全长114.7公里,岸线总长约268.7公里,在交通方式相对单一的过去,因长江芜湖段得天独厚的天然优势,"码头"商业带来了芜湖的繁荣。但因"靠江吃江"的老思维,芜湖流域非法采砂、非法捕鱼以及岸线乱占乱用等现象频繁发生。而涉长江执法部门繁多,水、船、鱼、道都分由不同部门管理,"九龙治水"困局成为"长江大保护"工作的阻碍。

为贯彻落实习近平总书记关于"共抓大保护、不搞大开发"的生态文明思想,推动长江十年禁渔,破解长江芜湖段的治理困局,2020年,芜湖市率先运用数字化手段创新长江流域治理模式,建设智慧长江(芜湖)综合管理平台(以下简称智慧长江平台),在长江流域芜湖段利用大数据、物联网、人工智能等线上科技力量,链接涉江政务管理、业务职能、执法体系等线下现实需求,以数字化平台重塑线下机制,推动监管模式从"事后响应"向"事

---

* 作者系芜湖市委政法委常务副书记。

前预判"转变，实现长江大保护从"多头管理"向"统一治理"转型。2022年6月，时任中央政法委副书记、公安部党委书记王小洪来芜调研督导过程中对芜湖市该项工作做法予以了高度肯定。芜湖治江模式受到安徽省委、省政府的高度认可，并由省长江办牵头推进全省统一智慧长江平台建设，推动实现长江安徽段业务协同、执法联动。

一 "一个平台"全要素一张图擘画长江流域治理蓝图

智慧长江平台用构建"一张图"的模式，通过整合涉江管理各类监测要素、风险要素、业务数据，打造多功能展示模块，设置企业建设、江豚保护区、岸线保护、林地保护、水域变化、湿地保护、农业面源污染和矿山治理八大静态专题及非法捕鱼、非法采砂、大气污染、水质污染、坝体移位、倾倒垃圾、交通安全、船舶污染监管八大动态专题。

以高分辨率遥感影像为底图，通过一年多期的卫星图层对比，对长江岸线企业（园区）搬迁、植绿复绿、湿地保护等进行季度、月度的静态监测管理。拓展建设打击非法采砂、捕鱼、倾倒垃圾和易崩岸段监测等实时监管模块，通过遥感卫星、雷达、无人机、高清摄像头等设备，智能感知涉江海量违法行为数据，研发人工智能算法，运用物联网技术，初步实现对长江流域芜湖段全流域、全天候、全方位的动态智能监管。

二 "两个整合"全方位一张网推进线上线下协同联动

（一）整合线上资源，搭建统一体系

依托城市大脑，充分利用现有数据中台、业务中台能力，搭建自主化算力体系；整合多维数据，通过卫星、雷达、摄像头、传感器等物联感知设备获取涉江违法特征，对接水务、农业、环保、交通、海事、公安相关业务数

据，建立芜湖长江保护专项数据库，为统一治理提供了数字支撑。

(二) 整合线下力量，全面协同监管

智慧长江平台建设紧密贴合长江管理的现实需求，全面整合各涉江管理部门职能、业务范围、执法力量。在长江流域芜湖段沿江区域选取建设31个视频站点、建设高清超远距摄像头121个、接入沿岸各类监控资源1300余路，整合执法船5条、执法艇31条、无人机2架，配备执法人员276名，建立"系统预警—问题受理—任务下发—调度指挥—结果上报"闭环机制，出台《芜湖市水上联合执法日常巡查标准化流程》《芜湖市长江禁捕水上联合执法工作责任制及标准化流程（试行）》《芜湖市长江禁采管理联合执法实施方案》等配套制度文件，合力推进监管协同化作战，流程化运行、扁平化管理、快速化响应。

三 "三个聚焦"全流程一站式落实包保责任初显成效

(一) 聚焦共建，扎实推进平台建设

一是贴合需求，精准对接。项目建设前期，组织各涉江管理部门开展点对点、面对面的功能需求调研、建设思路研讨。项目启动后，针对各部门业务需求应用场景的功能模块采取包保责任制，从监控点位选取、算法研发、预警推送到闭环流程等由各部门主动提出符合工作实际的建设思路、建设痛点、解决方案。二是目标导向，动态推进。项目专班聚焦重点工作，逐条逐项明确项目推进措施、建设标准、建设责任。同时坚持举一反三、建立动态项目推进台账，制定详细的推进方案，实行对账销号，及时掌握工作落实情况。三是边建边用，查漏补缺。在智慧长江平台前端数据采集系统视频监控点位安装好后，及时将视频数据推送至各涉江保护单位。水务局、农业农村局、长航公安等部门利用已建的数据采集系统成功破获多起非法案件，并在

使用过程中及时提出改进建议。

（二）聚焦共享，切实提高监管实效

一是共享设备。为选取最优监控点位，实现"全覆盖"监控，秉持"靠近江边，视线较好"的原则，共享芜湖海事局雷达塔、长江芜湖通信局铁塔作为辅助，南北互补搭配；共享接入沿江1公里、5公里范围内"雪亮工程"等各类视频监控点位，通过水上、陆上视频监控的联动，杜绝不法分子向岸上躲避抓捕。二是共享数据。为实现精准特征定位，在全国率先接入海事AIS雷达站信号，通过雷达与视频联合监控，大大提高对非法船只的智能识别精准度。为监测水质、大气质量，共享接入环保智慧平台数据等。三是共享智库。首创研发雷达初筛、雷达视频联动筛查、视频精准识别等算法，通过多轮实战模拟演练，构建精准化的智能识别模型，实现涉江违法行为智能预警。

（三）聚焦共治，夯实工作长效机制

以智慧长江平台为枢纽，协同联动各涉江业务部门，实现对非法捕鱼、采砂、倾倒固体废料等行为监管全覆盖，探索建立"上连省厅、下至乡镇"的四级联动综合执法体系，切实提高执法效率和水平。平台运行以来，共预警发现并抓获非法采砂泵船21艘，发现非法捕鱼事件128起。

四 "四个破解"全维度一体化解决"人防技防"监管难题

（一）破解"管理机制"难题

长江芜湖段岸线长，区域经济发达。长江大保护工作开展前，岸线乱占乱用、滩涂侵占、非法采砂等涉嫌违法行为频繁发生；监管层面，存在"九龙治水"多头管理现象，执法力量各自为政、联动不足。智慧长江平台整合

江、地执法力量，重塑线下治理机制，实现了长江管理部门统一调度指挥、协同联防联控。

（二）破解"数据壁垒"难题

数据共享是智慧长江建设的关键一环，解决数据归集、数据资源建设、数据共享、数据应用和数据安全保障等各种问题，是智慧长江平台建设的基础性工程。为解决涉江管理海量数据"烟囱"林立、"孤岛"丛生、标准不一、无法调用等问题，通过构建公共数据"端到端"全生命周期的数据管理体系，形成统一的数据采集汇聚、共享开发、开发利用等过程的决策机制、流程和规则。基于高质量的数据，在确保安全合规的前提下，实现跨部门、跨业务、跨系统的数据流通。充分整合复用各涉江保护部门已有数据资源和技术采集手段，实现了长江数字化管理的最优解。

（三）破解"流域监控"难题

以"智慧长江"平台为抓手，着力打造全要素生态保护体系，密织全天候动态监测"护江天网"，打造数字长江"最强大脑"。在长江芜湖段卫星遥感地图上，随意点击一个监控点位，即可实时查看高清视频画面，检查是否存在涉江违法行为；通过雷达信号，过往船舶动态监测信息尽收眼底，实现对违法船舶的精准识别和追踪，及时发现并预警非法采砂、非法捕鱼、非法倾倒垃圾等违法行为，有效提高长江违法事件智能感知能力。

（四）破解"高效执法"难题

依托智能算法，实现对长江流域芜湖段 24 小时监控预警，解决人手不足、违法行为发现难等问题。通过视频算法，实现对可疑船只进行自动拍照及视频录制，依托人工智能算法对抓拍留证得到的图片和视频进行分析，将船只特征记录并通过大数据建模，在云计算中心进行匹配，建立异常船只轨迹、高发江段时段等模型。无论是岸边船只非法采砂还是夜间船只江中拉网，智能监控平台都能全程记录。夜间，利用热成像监控每隔一小时进行一次全江巡查，一旦发现涉江违法行为，自动发出预警指令，指挥就近的执法艇前往现场执法。同时，通过多个视频监控探头进行连续追踪，调度上下游执法艇联合执法，实现精准有效打击，对涉江违法行为形成有力震慑。

智慧长江平台是芜湖将智能平台作为新时代工作的手段，而不仅仅是工具的一个具体实践和缩影，以平台思维整合部门机制，已成为芜湖数字化时代的主要工作思路。除智慧长江平台外，我们还在群众诉求领域、惠企服务领域等进行了多样化的有益尝试，打造了"群众诉求感知和评价系统""惠企政策网上超市"等智慧平台，为进一步提升芜湖市域社会治理现代化开创了新路径。

网格智治的嘉善经验

胡泓恬[*]

近年来,浙江省嘉善县始终以习近平总书记的重要指示精神为根本遵循,扎实推进县域社会治理现代化,打造了以智能化、信息化、立体化为核心的县域智慧安防体系,有力地推进了县域社会治理信息化、高效化和便捷化。

一 党建统领,全域覆盖构建网格体系

部建在网格上。突出党建引领,重新划分了全县818个网格,同时划分了6814个微网格。按照应建尽建,同步组建的要求,在网格设立了697个党支部,推进网格架构与基层组织体系深度融合。强化网格党组织政治功能和作用发挥,依托"两地报到、双岗服务"机制,全面推动1.3万余名在职党员、干部职工到村社报到,到网格服务。推行网格长、专职网格员、网格指导员或志愿者"网格三人行"组团服务模式,将支部建在网格上,把队伍聚在网格上,让党旗高高飘扬在基层治理一线。

把力量配到网格上。按照"1+3+N"模式,为全县每个网格配齐配强网格工作力量,共配备了818名网格长、914名专职网格员,并加派了170名派出所民警担任平安书记,与专职网格员联合办公、联合走访、联合调解。针

---

[*] 作者系中共嘉善县委副书记、政法委记。

对治安状况复杂、流动人口较多的 167 个重点网格，创新建立了"网格＋警格"机制，每个网格配备 1 名辅警，实现警网融合，推动了社情、民情、警情的融合处置。按照打造"专职要加强、兼职要规范、包联要到位"的三位一体治理团队的要求，配备了 649 名兼职网格工作人员，并充分调动激活网格内单位和社会组织等资源力量，以强大的组织优势聚合治理优势。

把制度落到网格上。建立起专职网格员综合管理办法、专职网格员考核办法等 11 项制度，并通过建立分层分色管理机制，定期评选 10 个最优网格和 10 个落后网格，督促后进，激励先进，把任务和责任压实到每个网格。实行网格员星级评定，评定结果与薪酬待遇挂钩，按照正向激励加分、反向重点扣分以及"一票否决"的方式倒逼网格员履行职责。推出网格员（网格辅警）关爱暖心 6 条举措，如每年在国企岗位招聘中，按照 5%～10% 的比例面向专职网格员定向招聘。

二 精密智控，闭环运行推进高效治理

资源有效整合，治理服务"一网掌控"。把原来涉及多个部门的 12345 县长热线、矛盾调解、涉稳涉法、安全生产、综合执法等 12 个事件源系统接入一个治理平台，建立社会治理平台——"云上嘉善"，推动"多网合一"。聚焦守底线、保平安的工作要求，突出命案防控、涉稳风险、火灾预防、安全生产等四大领域问题，梳理了 20 多项重点关注的矛盾纠纷、安全隐患类情形，配套落实相应的网格日常走访、网格议事等机制，依托统一的手机网格事务采集端平台，对四大领域的风险隐患进行采集。

问题闭环办理，百姓冷暖"一屏感知"。发挥好县治理中心矛盾调处、分析研判、应急指挥等功能，对网格上报事件，按照五级分类分流在"云上嘉善"社会治理平台统一办理。三级以下事件由网格员、网格、村镇落实销号整改；四级以上事件由镇里负责吹哨，县社会治理中心派单给县级部门承接办理，平均办结周期 1.62 天，实现了问题发现、分析研判、交办处置的管理

闭环。充分发挥线上平台"微家园"网格议事功能，将群众关心的停车难、无物业管理等问题进行专题讨论，发挥民主协商作用。

集成感知考评，评价预警"一体构建"。依托"云上嘉善"平台，统一归集记录各类事件数据源，对跨部门、跨领域、跨层级的事件数据进行多维度综合分析，建立起事件归集、统计分析、风险识别、预测预警等全过程风险防控机制。同时，对全县818个网格上报事件的数量质量、风险隐患数进行评价，建立平安指数，形成网格"平安地图"，实施红、橙、黄、蓝四色风险预警提示，督促开展隐患整改。

三 共建共享，融合互动做好民生文章

保障新居民权益，增强归属感。嘉善户籍人口有42万人，新居民已经超过50万人。通过持续深化新老居民融合的"五湖四海一嘉人"凝心工程，推出新居民服务二十条，优化新居民积分激励机制，推行"流动人口码上服务平台"应用，为新居民提供贴心政策服务。积极吸纳优秀的新居民担任专职网格员，挖掘了一批优秀的新居民党员、群众担任网格员、微网格长。不断深化新居民党员"初心讲堂""小哥夜校"等载体，开展新居民创业引导、就业指导、失业帮扶等工作，持续增进新居民的获得感、幸福感和归属感。

注重风险化解，增强安全感。针对出租房、公寓房等新居民集聚的重点场所，每月组织社区工作人员、网格员、辅警开展"白加黑"走访入户，进行矛盾纠纷、风险隐患的排查，并及时上报化解情况。

加大文化供给，增强认同感。依托"文化礼堂"建设，创新设立了"礼堂茶馆""礼堂直播""礼堂医养"等，让礼堂成为本地居民和新居民喝茶看戏的休闲地、创业培训的集聚地、健康服务的暖心地。注重培育嘉善特有的"善文化"，弘扬善城大爱，开展评好人、学好人、做好人活动，每年评选"十佳优秀新居民"，进一步凝聚起积极向善的社会共治力量。

后　记

2023年3月25日，第十二届中国社会治理论坛在北京师范大学举行。本届论坛由北京师范大学中国教育与社会发展研究院主办，北京师范大学中国社会管理研究院（以下简称"北师大中社院"）承办，中国社会工作联合会、中国社会治理研究会和《社会治理》编辑部支持。论坛主题为"学习贯彻党的二十大精神和全国两会精神，推进社会治理现代化"。

中国社会治理论坛是北师大中社院持续建设的重要品牌活动之一，是建设新型社会治理高端智库的重要依托。从2011年起至2023年已连续举办十二届，历届论坛有关领导和知名专家云集，成果丰硕，社会影响广泛。本届论坛更加彰显特色，整体呈现内容水平高、成果质量高。为进一步总结成果，我们对论坛上与会嘉宾致辞、演讲和发言的部分内容进行了精心遴选和重新编排，形成了本书推进社会治理现代化、社会治理新进展新任务、推进共同富裕与社会治理创新、市域社会治理与基层社会治理、数字时代的社会治理五个篇章，充分展示和论证了新时代社会治理现代化的理论和实践发展。在本书的编辑和出版过程中，北师大中社院周瑞春、张媛、张潆月等同志做了大量工作，国家行政学院出版社的相关同志付出了大量心血，在此一并致谢。

本书也是北师大中社院"新型社会治理智库丛书·论坛系列"成果之一。"新型社会治理智库丛书"是对北师大中社院十年智库建设的传承与延续，丛书坚持"围绕国家战略、立足学术根基、突出问题意识、提出治理方略"的定位，力求推出社会治理最新学术理论和智库思想精品成果，持续推动社会治理现代化，以社会治理现代化助推中国式现代化，实现中华民族的伟大复兴。

编者

2023年9月